Un récit d'Ariane Chemin

À LA RECHERCHE DE MILAN KUNDERA

© 2021 Ariane Chemin.

© Éditions du Seuil,
sous la marque Éditions du sous-sol, 2021

Photographie de couverture : © Gisèle Freund

Conception graphique : gr20paris

ISBN : 978-2-36668-484-3

Crédits citations

Page 33 : Droits réservés, "La Jeune Fille et la Mort", de Maxime Gorki, pour la traduction de Léon Robel. – Pages 10, 20 : © Éditions Gallimard, coll. "Blanche", 2009, *Une rencontre* de Milan Kundera. – Pages 22, 23, 95 : © Éditions Gallimard, coll. "Blanche, 2000, *Les Testaments Trahis* de Milan Kundera. – Page 49 : © Éditions Gallimard, coll. "Blanche, 2009, *Le Livre du rire et de l'oubli* de Milan Kundera. – Page 130 : © Éditions Gallimard, coll. "Blanche, 1986, rééd. 2018, *L'Art du roman* de Milan Kundera.

Crédits photographiques

Page 11 : © Sophie Bassouls/ Sygma/ Getty Images. Pages 14, 21, 22, 29, 30, 38, 58, 84, 94, 105 : DR. Pages 23, 66, 106 : © Éditions Gallimard. Pages 24, 48, 128 : © Ariane Chemin. Page 35 : © Jovan Dezort. Pages 65, 70 : © Ferdinando Scianna/ Magnum Photos. Page 56 : © AFP. Page 74 : © Sveeva Vigeveno/ Gamma-Rapho. Page 93 © Etienne Montes/ Gamma-Rapho. Page 97 : François Lochon/ Gamma-Rapho. Page 102 : © Gyula Zarand/ Gamma-Rapho. Page 108 : © Památník národního písemnictví, Page 111 : © Miguel Medina/ AFP. Page 121 : © Liu Jin/ AFP. Page 144 : © AFP

À la recherche
de Milan Kundera

Ariane Chemin

FEUILLETON
Non-Fiction

Éditions
du sous-
sol

"L'ARTISTE DOIT S'ARRANGER DE FAÇON À FAIRE CROIRE À LA POSTÉRITÉ QU'IL N'A PAS VÉCU."

Gustave Flaubert

I LA DISPAR

ITION

Soudain, Paris ressemble à la capitale désolée d'un pays de l'ancien bloc de l'Est. Des files grises et muettes patientent devant les boulangeries puis courent se réfugier chez elles avant le couvre-feu. Tête baissée, masque sur le nez, la foule est trop pressée pour remarquer, entre le carrefour de la Croix-Rouge et le boulevard Raspail, cette petite femme brune et fluette, œil de braise et coupe à la garçonne, qui marche d'un pas décidé.

Je la connais. J'ai souvent aperçu la longue silhouette de Milan Kundera accrochée à celle de Věra, sa femme depuis plus de cinquante ans. Deux corps aussi bouleversants que leurs vies de tourments à travers les siècles et les frontières, deux âmes sœurs enroulées l'une à l'autre dans un même destin, comme condamnées à vivre et mourir enchaînées. Je les croise, je n'ose pas les aborder.

Pour ses lecteurs, l'auteur de *La Plaisanterie* est devenu un écrivain fantôme, comme Samuel Beckett que l'on frôlait deux ou trois rues plus haut, quelques décennies plus tôt. Du sexe (triste), du rire (grinçant), le "sourire" du chien Karénine, le geste de la main d'Agnès au bord de la piscine... ses personnages, entêtants, restent gravés dans la mémoire. "Une géniale simplicité", disait Béla Bartók, "l'intelligence de la banalité des choses", résume l'auteur Benoît Duteurtre, parmi ses premiers intimes.

Ariane Chemin

À force de refuser tout passage à la télévision depuis trente-sept ans, le romancier est parvenu à s'effacer du réel. La rareté illumine, l'omniprésence dilue l'être. Vivre par ses livres, s'évanouir en eux, devenir le narrateur muet d'histoires déjà contées : Kundera, 92 ans, est un disparu volontaire. Il est l'un des écrivains les plus lus au monde. La cinquantaine de traductions de ses dix-sept livres tapissent l'entrée de son appartement comme un couloir en colimaçon de la tour de Babel. Avec son essai *L'Art du roman*, il est aussi devenu un écrivain pour écrivains. Il a dialogué avec d'autres grands, Gabriel García Márquez, Salman Rushdie, Philip Roth, Leonardo Sciascia, a côtoyé le cinéaste Federico Fellini et mille autres artistes.

Un petit tableau de son ami britannique Francis Bacon décore, paraît-il, un des murs de son appartement. "Le regard du peintre se pose sur le visage comme une main brutale […] En chacun de nous, il y a ce mouvement de la main qui froisse le regard de l'autre, dans l'espoir de trouver, en lui et derrière lui, quelque chose qui s'y est caché", a écrit Kundera dans un vieux texte de 1977. Bacon avait trouvé cet écrivain tchèque épatant : personne ne l'avait si bien cerné. Depuis, les titres de cet inconnu sont devenus des totems. Tordues en maximes, des citations extraites de ses livres servent à dire le désir, la mort ou la joie sur les réseaux sociaux. Prisonnier du devenir carte postale de la littérature, Kundera parachève l'organisation de sa propre disparition.

La tentation de l'évanouissement lui est venue après le succès de *L'Insoutenable Légèreté de l'être*, en 1984. Cette année-là, il accepte l'invitation de Bernard Pivot sur le plateau d'*Apostrophes*, mais déjà – la photo restera –

MILAN KUNDERA SUR LE PLATEAU
DE L'ÉMISSION *APOSTROPHES*
EN 1984.

Ariane Chemin

il tend les mains devant son visage pour tenir à distance l'objectif, exactement comme Philip Roth. Un vendredi soir de janvier, je découvre à la télé ses yeux bleus et ses mots languides. La retenue de Kundera, son allure un peu mécanique, sa timidité et son goût du silence me paraissent reposants en comparaison du bruit et des lumières stroboscopiques de l'époque. J'aime son idée d'ériger l'intimité en valeur suprême. Il excelle dans l'introspection amoureuse.

À la suite de l'émission, les médias se l'arrachent. "Je suis en overdose de moi-même", s'angoisse-t-il alors devant son ami l'essayiste Christian Salmon, qui l'interroge pour *The Paris Review*. Tout pour et par la littérature : de ce moment-là, Kundera se mure dans le silence. "En juin 1985, j'ai fermement décidé : jamais plus d'interviews. Sauf [...] mon copyright, tout mien propos rapporté doit être considéré à partir de cette date comme un faux." Sur l'interphone de l'appartement parisien, le nom d'un de ses amis romanciers ou celui de son traducteur islandais brouillent les pistes. Pour que sa femme ou lui décroche le téléphone, il faut obéir à un code. Une sonnerie, deux… De vrais réflexes de clandestins.

Kundera est un écrivain baladeur. Il peut travailler debout, assis, dans un jardin ou sur un bureau, chez lui ou chez les autres, un verre de rhum blanc à la main ou de Pelinkovac, la fameuse liqueur d'absinthe de Zagreb. Sa seule coquetterie, ce sont les îles. J'ai cru comprendre qu'un temps, le couple avait songé à s'exiler en Islande, pour vivre plus incognito encore ; il trouve aujourd'hui qu'il y a trop de touristes. Ils auraient

À la recherche de Milan Kundera

désiré se fondre en Corse, après une virée dans un village nationaliste niché dans une châtaigneraie, tant ils avaient goûté les soirées et les vers grandioses déclamés au Sampiero, un bar posé au bord de la route. Il y a toujours une place pour la musique, l'art ou la poésie avec les Kundera. À l'Hôtel du Maquis "ils réservaient la chambre 10, la plus isolée, celle qui a l'accès direct à la plage. Ils sont restés plusieurs semaines, je crois même qu'ici il a écrit un livre. Depuis, on appelle cette chambre la 'suite Kundera'", m'explique la propriétaire des lieux.

Ils raffolaient aussi de l'île de Lošinj, en Yougoslavie, comme de l'atelier de leur ami Ernest Breleur, le peintre des portraits sans visage, à la Martinique. Ces îles étaient celles de leurs escapades favorites, à l'époque où, apatride, lui vivait sans passeport. Finalement, les Kundera sont restés parisiens. Ils habitent aujourd'hui au bout d'une impasse qui, lorsque se pointe le printemps, prend des airs d'îlot luxuriant.

Les rares portraits confiés à la presse sont souvent l'œuvre de sa femme. Un jour, *Le Monde* a attribué par erreur un cliché à un autre ; Kundera a demandé un "rectif". Seule Věra a le droit de l'emprisonner. "Lors de ma réception à l'Académie, j'avais voulu prendre une photo avec lui, se rappelle l'écrivain Dominique Fernandez. Il est parti furieux et n'est pas revenu." Lorsque le Premier ministre tchèque, l'oligarque "antisystème" Andrej Babiš, s'est rendu dans leur appartement, en novembre 2018, Kundera a posé ses conditions : aucun cliché sur le post Facebook dominical du politique. "Il est comme un vieil Indien qui a peur qu'on ne lui vole son âme", répète souvent Věra.

Ariane Chemin

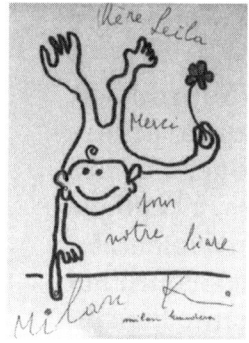

Détails d'une frise offerte à Leïla Slimani.

Par prudence, Kundera préfère envoyer des dessins plutôt que des lettres. Ce sont des personnages étranges, du Picasso façon Barbapapa, des créatures aux formes molles et rondes. Leïla Slimani a encadré chez elle une frise dédicacée de son écriture d'enfant : "Milan K", avec un bouton de fleur en guise de point sur le "i". Lettres, tapuscrits : le couple ne laisse aucune trace derrière lui. Lorsque, à l'automne 2010, après vingt-quatre ans de services à plein temps, Věra a cessé de gérer seule les affaires de son mari et confié ses droits étrangers à l'agent littéraire américain Andrew Wylie, *alias* le Chacal, elle a mis au pilon tous les contrats. "J'ai appelé les éboueurs, et un quart de siècle de ma vie est parti sous mes yeux en confettis", confiait-elle il y a peu à la revue tchèque *Host*. "Je crois même qu'ils ont brûlé leur propre correspondance", souffle Alain Finkielkraut, un ami de quarante ans.

De Flaubert, Milan Kundera aime citer cette phrase : "L'artiste doit s'arranger de façon à faire croire à la postérité qu'il n'a pas vécu." Il a toujours détesté le goût actuel pour l'"indiscrétion", ce "péché capital" (*The New York Times*, 1985). Il a vécu dans une époque d'eaux grises et se méfie des grilles de lecture contemporaines sur la vie à l'Est : "La police détruit la vie privée dans les pays communistes, les journalistes la menacent dans les pays démocratiques." Devant François Nourissier, pilier aujourd'hui disparu de la vie littéraire, Kundera a lâché

À la recherche de Milan Kundera

un jour : "Je n'aime pas faire le mélodrame de ma vie."
Il a posé des scellés sur la sienne.

Quelle vie, pourtant ! De sa naissance en 1929, en Tchécoslovaquie, à l'invasion nazie, de la prise du pouvoir en 1948 par les communistes au Printemps de Prague vingt ans plus tard, du choix de la France comme patrie à sa "renaturalisation", fin novembre 2019, un siècle d'histoire s'enroule autour de la sienne. "Dans son destin, toute la tragédie de l'Europe de son temps s'est gravée", a écrit Kundera à propos de l'un de ses romanciers préférés, le Viennois Hermann Broch. Lui a traversé la guerre froide et le rideau de fer, enjambe deux siècles et autant de frontières, et accompagne le lent délitement des illusions européennes. Un vrai destin de fiction, un personnage de John le Carré, parfois.

À la table du bistrot où elle me donne rendez-vous, près de la rue des Saints-Pères, Věra Kundera se montre joueuse, mais méfiante. Elle ne me propose pas de rencontrer son mari. "Nos vies n'ont aucun intérêt", dit-elle. Elle me teste de sa voix grave et me lance des anathèmes piqués aux années de guerre froide : "Les chiens renifleurs de journalistes doivent être pendus." Entre deux cafés, elle attrape mon cahier de notes et le gribouille comme une enfant, puis elle éclate de rire, et son visage s'adoucit. Douze heures plus tard, elle m'envoie un SMS nocturne, le premier d'une longue série. Je comprends que le jeu de piste commence.

II L'ÉCR
QUI VE
DU

IVAIN
NAIT
FROID

"Milan Kundera est né en Tchécoslovaquie. En 1975, il s'installe en France." Voilà le seul *curriculum vitae* proposé par l'auteur dans ses livres, et il sonne comme un pied de nez à tous les biographes.

Quand il voit le jour à Brno (prononcer "Brrreno"), le 1er avril 1929, la capitale de la Moravie est la deuxième ville de la toute jeune Tchécoslovaquie. Le pays s'est émancipé depuis 1918 de l'Empire austro-hongrois, une mosaïque de nationalités et de langues qui englobait cinquante millions d'habitants, s'étendait jusqu'en Ukraine et grondait déjà d'accents nationalistes. Une métaphore de l'Europe centrale, selon Kundera, "le maximum de diversité sur le minimum d'espace". Une expérience miniature.

Brno est une ville de province surplombée par une cathédrale et un château. Elle n'a pas le charme de Prague, mais c'est un foyer culturel vivace : cent trente-cinq kilomètres seulement la séparent de Vienne, capitale bouillonnante où s'invente la modernité du siècle naissant – les peintres Klimt et Schiele, Freud et la psychanalyse, la révolution musicale d'Alban Berg, après, celle de Mahler.

L'ambiance est cosmopolite. Beaucoup parlent encore allemand. Étrange aussi aujourd'hui de tomber sur cette affiche touristique du "syndicat régional d'initiative" de la ville datant de 1936 et vantant, en français, les mérites de Brno : "Visitez la deuxième ville de Tchécoslovaquie !"

Ariane Chemin

De sa mère, la belle Milada, l'écrivain n'a jamais dit un mot. Même son ombre ne se glisse pas dans *Le Livre du rire et de l'oubli*, l'un des textes les plus personnels de Kundera. La référence, c'est son père, Ludvík Kundera, excellent pianiste et musicologue, professeur au conservatoire et futur recteur de l'académie de musique de Brno, après la guerre. Un esprit d'avant-garde : "Dans les années 1920, [il] avait rapporté de Paris les pièces pour piano de Darius Milhaud et les avait jouées en Tchécoslovaquie devant le public clairsemé (très clairsemé) des concerts de musique moderne", raconte Kundera dans *Une rencontre*.

Le père de Milan Kundera est un élève du compositeur Leoš Janáček, alors très peu connu en France. Plus tard, à Paris, Milan va s'évertuer à le sortir de l'obscurité ; dans son appartement proche de Notre-Dame, l'écrivain Benoît Duteurtre, lui aussi musicien, a gardé les coupures des critiques de *L'Avant-Scène* ou du *Monde de la musique* où Kundera chroniquait ses opéras ou quatuors. Ceux qui ont connu le premier appartement du couple, rue Littré, près de Montparnasse, se souviennent bien que trois photos trônaient sur le bureau de l'écrivain : un cliché du fameux Viennois Hermann Broch, son surmoi littéraire ; un autre de Janáček ; un dernier de son père.

Le jeune homme a hérité de ses longues mains et de son oreille parfaite. "Un jour où Milan était venu chez moi, boulevard Pasteur, me raconte l'ancien journaliste du *Figaro* et professeur à Sciences Po Alain-Gérard Slama, son ami depuis 1975, j'avais joué les premières mesures de l'ouverture du célèbre concertino de Janáček sur mon Pleyel. Tout à coup, il s'était levé d'un bond et m'avait corrigé un *si* bémol." Il faut dire que

UNE AFFICHE TOURISTIQUE DU SYNDICAT RÉGIONAL D'INITIATIVE DE LA VILLE DE BRNO EN 1936.

Ariane Chemin

l'enfant unique a été à rude école. Dans *Les Testaments trahis*, il raconte ce jour où son père, horripilé par l'une de ses improvisations au piano, "accourut dans [s]a chambre, [l]e souleva du tabouret et [l]e porta dans la salle à manger pour [l]e déposer, avec un dégoût à peine dominé, sous la table".

L'un des deux professeurs de "composition musicale" du jeune Kundera s'appelle Pavel Haas. C'est un ami de son père. Un professeur délicieux, à l'humour mélancolique, et, disait-on, l'élève le plus doué du "maître" Janáček. En 1933 et 1934, le jeune Kundera est envoyé chez lui, cahier de partitions sous le bras, pour y prendre des leçons. Après 1939, Pavel Haas porte l'étoile jaune, et, parce qu'on confisque alors les biens des Juifs, il déménage son petit piano d'appartement en appartement jusqu'à ce tout petit garni que le professeur de musique partage avec d'autres artistes persécutés et où l'élève Kundera fera ses exercices d'harmonie.

Pavel Haas (1899-1944)

"Il ne me reste de tout cela que mon admiration pour lui et trois ou quatre images, écrit Kundera dans *Les Testaments trahis*. Surtout celle-ci. En m'accompagnant après la leçon, il s'arrête près de la porte et me dit soudain : 'Il y a beaucoup de passages étonnamment faibles chez Beethoven. Mais ce sont ces passages faibles qui mettent en valeur les passages forts, comme une pelouse sans laquelle nous ne pourrions pas prendre plaisir au bel arbre qui pousse sur elle.' [...] Cette courte réflexion de mon maître d'alors m'a poursuivi toute ma vie ; je l'ai défendue d'abord, je m'y

À la recherche de Milan Kundera

suis opposé ensuite; sans elle (sans ma longue dispute avec elle), ce texte, certainement, ne serait jamais né... Je suis heureux de terminer sur l'image d'un homme qui, quelque temps avant son atroce voyage, réfléchit, à haute voix, devant un enfant, sur le problème de la composition de l'œuvre d'art."
Un jour de 1941, en effet, Pavel Haas cesse de recevoir ses élèves : un convoi l'a embarqué pour le camp de Terezín, "capitale de la douleur", a écrit Kundera. Dans un film de propagande nazie, on aperçoit le professeur de musique, quasi paralysé et d'une maigreur terrifiante, interpréter une de ses œuvres devant un pauvre public de prisonniers hébétés.

Quatuor pour piano, alto, clarinette et batterie : c'est en compositeur que Kundera entre dans la vie. Et comme militant communiste enthousiaste. Depuis l'âge de 16 ans, il lit Marx avec passion. En 1947, il adhère au mouvement de jeunesse du Parti. Le rideau de fer tombe sur l'Europe, la divise en deux. En 1948, le coup de Prague, organisé par Moscou pour installer le parti communiste tchécoslovaque au pouvoir, le fait vibrer. "Vers 1948, moi aussi j'ai exalté la révolution", a reconnu Kundera en 1981 dans *Libération*. "Le communisme m'a captivé autant que Stravinsky, Picasso et le surréalisme", ajoutait-il en 1984 dans *Le Monde des livres*. "Il m'a raconté qu'il avait même fait adhérer son père au Parti", témoigne son ami Alain Finkielkraut.

"Comme dans une famille de médecins, où l'on présuppose [...] que le fils prendra la relève, mon père comptait

Ariane Chemin

que je deviendrais musicien, a raconté Kundera au *Monde de la musique*. À 18 ou 19 ans, j'ai, disons, trahi mon père — pas personnellement, au contraire, je l'aimais toujours beaucoup." Aux notes il préfère les mots et glisse en douce vers la littérature. Son premier texte imprimé date de 1947. C'est une "bagatelle bizarrement morbide" dédiée "à la mémoire de Pavel Haas", son très cher professeur de composition musicale mort à Auschwitz en 1944, fait en 2000 citoyen d'honneur de la ville de Brno — comme son élève Kundera dix ans plus tard.

Dans la table des matières de cette revue, le poème à la mémoire de Pavel Haas.

VĚRA
KUND

III

"La France l'ignore, mais Milan Kundera a été brièvement marié, une première fois, à la fille de Pavel Haas." Le directeur de l'Institut français de Prague, Luc Lévy, s'est passionné pour le destin de la famille Haas, "Kundera n'a jamais rien écrit ou dit à son propos", m'explique-t-il lors de notre première entrevue en Tchéquie. Olga Haas a été comme gommée du roman officiel, une lettre volée dans une nouvelle écrite en forme de jeu de piste.

À 83 ans, Olga Haas vit toujours à Brno. Elle se fait appeler Olga Haasová-Smrčková (en tchèque, le suffixe "*-ová*" féminise les noms de famille), mais dans certains documents, comme celui d'une association musicale de Brno dont elle est membre, elle apparaît sous le nom d'Olga Haasová-Kunderová. Un journal local a publié des photos d'elle, toute jeune, en robe de scène.

Olga Haas.

Sur un Photomaton, on la voit ensuite en jeune femme moderne, col roulé noir et cheveux courts; une autre photographie la dévoile, beaucoup plus mûre, en veste de jean, bracelets et boucles d'oreilles.

Olga Haas est d'une rare élégance, elle n'a jamais accepté d'évoquer son mariage avec l'écrivain, même quand, en 2020, un féroce biographe de Kundera, Jan Novák, lui a envoyé une brassée de roses blanches, puis deux autres bouquets dans l'espoir de recueillir ses confidences. La première épouse de l'écrivain lui a laissé un message : "Ne vous épuisez pas inutilement. Milan ne veut pas que je parle de notre vie et j'ai donné ma parole." Franchement, pourquoi gâcher une œuvre avec des historiettes ordinaires ? Autour de Milan Kundera, tout le monde respecte le silence du maître. Sa professeure de français de Brno n'a lâché qu'une seule anecdote : comment, avec son élève, elle avait tâtonné des heures durant pour traduire le mot "*litost*", la nostalgie — mais au sens slave du terme, l'indéfinissable pesanteur qui arrache au présent.

Hugo Haas (1901-1968).

Olga est la nièce d'un acteur célèbre d'avant-guerre : Hugo Haas. Dans un documentaire de la télévision tchèque, on le voit saisir dans ses mains un cadre où figure la très jeune Olga, le regard mystérieux sous ses cheveux bouclés et en robe blanche : "Et voici la photo de ma nièce adorée", commente l'acteur à l'image. Contrairement à son frère Pavel, il avait réussi à quitter Prague en 1939 avec sa femme et n'y reviendra qu'une seule fois, en 1963 — au début de la libéralisation, l'année où Franz Kafka est enfin réhabilité par le régime. Durant ce court séjour, Hugo Haas assiste à la représentation d'une pièce peu connue de Kundera, *Les Propriétaires des clés*. "Je n'ai rien compris, confiera plus tard l'acteur, mais peut-être n'étais-je pas objectif. L'auteur avait en effet divorcé de ma nièce et ce que j'éprouvais n'était sans doute que du ressentiment familial."

Olga était une grande voyageuse. Avant la guerre, elle séjourne même un temps aux États-Unis. Durant leur courte union, Kundera croise, de loin, plusieurs

À la recherche de Milan Kundera

figures appelées à jouer un rôle tout au long de sa vie. La mère de la jeune actrice de Brno, médecin et russe, était en effet la première épouse du célèbre linguiste Roman Jakobson. À Moscou, Jakobson fréquentait l'avant-garde russe, à Paris, il se lie avec la romancière Elsa Triolet et son compagnon Louis Aragon, qui, à partir de 1948, séjourne régulièrement en Tchécoslovaquie. Est-ce Jakobson qui présente le jeune Kundera à Aragon ? Věra assure que non. L'écrivain communiste français suit en tout cas son parcours, assistant même, à Prague, à la représentation d'une de ses pièces de théâtre.

"Et voici la photo de ma nièce adorée."

Au début des années 1950, Milan Kundera quitte sa province pour la capitale — "Brno était devenue trop petite", résume le réalisateur Miloslav Šmídmajer. Depuis 1953, il donne des cours sur l'"histoire de la littérature mondiale", puis sur la "théorie du roman" à la FAMU, la célèbre faculté de cinéma de Prague. Il dirige aussi un séminaire sur le scénario. "J'ai eu comme élèves presque tous les personnages importants de la Nouvelle Vague du cinéma tchèque", note-t-il sur le seul "CV" qu'on lui connaît, transmis aux autorités françaises avant son arrivée en France, et qu'un de ses amis parisiens de l'époque m'a confié. Parmi eux, Jiří Menzel, "le Godard tchèque", mais aussi le futur réalisateur américain Miloš Forman, autre exilé. "C'est grâce au cours de Kundera sur *Les Liaisons dangereuses* que Forman a fait son film", raconte Šmídmajer.

Ariane Chemin

À peu près à la même époque, au restaurant de la gare de Bruntál, en Moravie-Silésie, une jeune fille de 16 ans, brune et vive, s'épuise à servir les clients et à donner quelques coups de main pour percer les fûts et en tirer la bière. Les communistes "réformateurs" ne sont pas encore arrivés au pouvoir. Après le coup de Prague, sa mère, divorcée, a fui la capitale avec son nouveau mari. Věra Hrabánková les suit à Bruntál. Elle vivait avec son père depuis ses douze ans, mais il a été arrêté et il croupit en prison, sans aucune forme de procès. "Après le départ de maman, papa avait loué une partie de l'appartement, car nous n'avions plus d'argent. Une Française a emménagé chez nous; un jour, elle a surpris la conversation de mon père et de l'un de ses amis, qui projetaient d'émigrer. Elle les a dénoncés. Mon beau-père était avocat et a évité que j'aille dans une institution de rééducation." Elle refuse alors, dit-elle, d'adhérer à l'organisation de jeunesse du Parti, comme aux Jeunesses socialistes : "À l'école, se souvient-elle dans *Host*, il y avait des affiches sur les panneaux qui disaient : 'Věra Hrabánková, pourquoi ne pas rejoindre les Pionniers ?' Je n'y suis pas entrée."

Son boulot de serveuse est pour elle "un enfer. Je savais que je devais m'enfuir. Je m'évadais dans mes pensées". Elle joue alors au théâtre de Bruntál – "où l'on trouve encore mon portrait" – elle dit de la poésie ; l'amour plutôt que le pouvoir : "pour ne pas devenir folle". Elle connaît encore par cœur le très long poème de Gorki, *La Jeune Fille et la Mort* :

À la recherche de Milan Kundera

Par la campagne, un tsar s'en revenait de guerre
S'en revenait, le cœur amer, rongé de rage noire.
Derrière les branches d'un sureau, voilà qu'il entendit...
Une jeune fille riait, riait.
Alors terrible et sourcils roux froncés,
Le tsar éperonne, enlève sa monture,
Fond sur la fille comme ouragan
Et crie, faisant résonner ses armures.
La brute vocifère : "Qu'as-tu,
Qu'as-tu, garce, à montrer tes dents ?
L'ennemi a sur moi remporté la victoire.
Toute ma troupe est en déroute.
Ils ont fait prisonnier la moitié de mes pairs,
Moi, je rentre. Et vais lever nouvelle compagnie.
Je suis ton tsar, je suis dans la peine et l'offense
Et tu viens me narguer ! Ton rire stupide !"
Sur son sein rajustant son corsage,
La jeune fille au tsar répondit :
"Éloigne-toi, je parle avec mon bien-aimé
Petit père, tu ferais mieux de t'en aller."

Aux fracas du monde elle préfère déjà l'insolence du grand amour.

Věra court les concours et décroche grâce à Gorki une première sélection locale. Un salarié de la radio publique pragoise qui assiste à sa déclamation la sollicite pour un radio-crochet. Elle tremble de ne pas obtenir le laissez-passer alors nécessaire pour quitter la campagne, mais finit par gagner la capitale et récite un poème de Robert Desnos dans une émission grand public dont les Tchèques raffolaient : *Le Moment de poésie du dimanche.*

Ariane Chemin

Comme partout en Europe centrale, la poésie est plus qu'une spécialité. "Elle fait partie du cœur et de la vie", écrivait Stefan Zweig. Durant douze ans, Kundera en publie lui-même plusieurs recueils et traduit *Alcools* d'Apollinaire. "Avant d'évoluer vers le cœur de son inspiration – les rapports hommes-femmes, notamment –, ses premiers poèmes sont régionalistes et militants", raconte Jean-Dominique Brierre, auteur d'une biographie "littéraire" de Kundera, et qui les a tous lus. Certains textes font l'éloge de Staline, d'autres chantent la grandeur des aciéries de Moravie.

En entrant dans les années 1960, Kundera choisit définitivement le roman. Ce n'est pas seulement un choix artistique ou professionnel, mais "un virage décisif dans son œuvre et dans son existence, qui inspirera *La vie est ailleurs*", note Christian Salmon. Le héros de ce roman, Jaromil, est un jeune poète qui ressemble beaucoup à l'auteur et écrit des vers déjà publiés par Kundera. Jaromil vit dans un engouement délirant le coup de Prague, avant de devenir un informateur de la police – le détail, on verra, a son importance.

En 1963, les nouvelles de *Risibles Amours* installent déjà le style lucide et désabusé de Kundera et lancent sa carrière littéraire, sous l'œil attentif de prestigieux parrains. Sartre et Aragon le remarquent. L'un des textes du recueil a déjà été traduit en français dans *Les Temps modernes*, un autre a trouvé refuge dans *Les Lettres françaises*.

Il n'aime pas évoquer le sujet, et ses lecteurs l'ignorent souvent, mais à Prague, ces années-là, Kundera est encore un intellectuel proche du Parti.

MILAN KUNDERA LORS DU IVᵉ CONGRÈS DES ÉCRIVAINSTCHÉCOSLOVAQUES, À PRAGUE, EN JUIN 1967.

Ariane Chemin

En juin 1967, dans une salle du palais Vinohrady toute tendue de drapeaux rouges, il inaugure le IVe Congrès des écrivains tchécoslovaques. Sa contribution est intitulée : "Rendre à la littérature sa qualité et sa dignité". Ce jour-là, en dénonçant la mise à mort de la culture tchèque, il ouvre une brèche. Au lieu de rappeler leur dévouement au régime communiste, les intervenants suivants évoquent la suppression de la "censure". Pour la première fois, le pouvoir communiste tremble.

Dans la foulée, plusieurs écrivains sont bannis du Parti. Kundera, lui, s'en sort avec un simple blâme.

Quelques jours plus tard, il se marie secrètement avec une présentatrice de télévision de six ans sa cadette. C'est Věra, la jeune fille de la gare de Bruntál. Repérée par la radio-télé publique, elle apprend le métier de speakerine sur le terrain, entre Prague et Brno. La date de leur mariage, Věra jure qu'elle ne s'en souvient pas. "Il y a 190 ans", m'écrit-elle dans un texto, puis quelques mois plus tard, au téléphone cette fois : "Ce mariage n'a aucune importance. Il n'a eu lieu que pour nous permettre de dormir ensemble dans la même chambre."

Elle raconte en revanche leur rencontre, trois ans plus tôt, à Brno, dans son entretien à la revue *Host*. Věra vient de quitter son appartement pour prendre son service de nuit à la radio. Rue Lénine (maintenant, la rue Kounicova), elle croise un poète dont elle a déjà récité les vers ; il se promène en compagnie d'un homme qu'il lui présente comme "Monsieur Milan Kundera". L'écrivain et la jeune journaliste se revoient. Lors de leur premier rendez-vous, l'écrivain lui demande : "Vous tapez à la machine, mademoiselle Hrabánková?"

À la recherche de Milan Kundera

Puis, après deux heures de dictée : "Je vous rappelle." Comment faire plus "kundérien" ?

"La poésie, c'était mon amour. C'est d'une certaine manière grâce à elle que j'ai fait la connaissance de Milan." Trois ans plus tard, ils déménagent à Prague, l'épouse du romancier a 32 ans et est devenue une vedette de la télévision tchèque, "une sorte de Christine Ockrent", a résumé un jour Kundera devant son ami parisien Slama. "Anne Sinclair !" préfère m'expliquer Věra. Elle fraie avec une joyeuse bande de copains, "ma bande", dit-elle avec un brin de nostalgie et aussi de fierté. Les passants lui sourient dans la rue. Tout le monde reconnaît ses yeux brillants et sa coupe à la Jean Seberg.

Elle est bien plus connue que lui, mais Milan et Věra sont tous deux chaque jour plus surveillés. Kundera a achevé *La Plaisanterie* depuis deux ans. Il n'est guère optimiste, le roman est à l'"observation" aux bureaux de la censure. Sur sa publication, seule une traduction le sauVěra.

À Paris, un de ses amis tchèques, l'intellectuel Antonín Liehm, exclu du Parti après le fameux Congrès des écrivains, a confié le manuscrit à Aragon, membre du comité central du PCF. "Aragon voyait en Kundera une sorte de frère de trente-deux ans son cadet, juge l'aragonien Reynald Lahanque, professeur émérite de littérature à l'université de Lorraine. Il s'engage à fond auprès de ses amis de Gallimard pour que le livre paraisse en français et, avant même de le lire, promet une préface."

Surprise : le manuscrit paraît finalement en avril 1967 en Tchécoslovaquie sans aucun changement. Mieux :

VĚRA KUNDERA, VEDETTE
DE LA TÉLÉVISION TCHÈQUE.

À la recherche de Milan Kundera

l'année suivante, alors que la censure est officiellement supprimée et que le Printemps de Prague bat son plein, Kundera est distingué par le Parti et reçoit le prix de l'Union des écrivains tchèques. Quelque 120 000 exemplaires de *La Plaisanterie* sont vendus dans le pays, tandis qu'à Paris Gallimard prépare sa traduction pour l'automne 1968. Mais dans la nuit du 20 au 21 août, les chars soviétiques entrent dans la capitale.

"Je me rappelle avoir marché dans la rue Bartolomějská pleine de voitures militaires, me raconte Věra Kundera. Les avions tournaient dans le ciel. La télévision est venue me chercher à cinq heures du matin chez moi pour que je rejoigne le studio." Les vieux Tchèques s'en souviennent encore : c'est elle qui annonce aux téléspectateurs l'invasion des troupes du pacte de Varsovie.

On se croirait dans un roman de son mari, où hasards et coïncidences font basculer l'intrigue.

À Paris, l'oreille vissée au transistor, Aragon modifie *in extremis* sa préface de *La Plaisanterie* — toujours aussi élogieuse — pour coller aux événements et déplorer l'intervention des chars russes. Kundera a été autorisé à rejoindre la France pour ce qu'on appellerait de nos jours sa "promo". L'actualité aide évidemment le roman. "Un témoignage sur la Tchécoslovaquie des années staliniennes", titre la presse. C'est le début d'un grand malentendu. Kundera veut être reconnu comme écrivain, et voilà que les journaux célèbrent l'intellectuel engagé. "Pour tout le monde, j'étais un soldat monté sur un char", s'amusera-t-il plus tard dans un entretien accordé au quotidien italien *La Repubblica*.

De passage à Paris, il endosse sur France Culture un autre rôle que celui qu'on lui assigne : "Je ne connais aucun écrivain qui veut émigrer. Je suis persuadé que la cause d'un socialisme à visage humain n'est pas perdue. Nous pensons qu'il faut rester dans notre pays et travailler. Il ne faut pas trop mélodramatiser nos ennuis", confie Kundera dans cette archive rare qui ressemble aujourd'hui à un document de propagande. Il s'en prend à un autre écrivain, dissident, lui : Václav Havel. "Dans un article de décembre 1968, il reproche au futur président tchèque d'"user des arguments d'une personne qui n'a jamais accepté les idéaux communistes'", rappelle Reynald Lahanque.

Aujourd'hui encore Věra Kundera défend ces années qui courent de 1963 à 1968. "C'était un autre communisme, durant lequel Miloš Forman, par exemple, a pu s'épanouir." Mais leur critique "réformiste" est devenue impossible. Kundera est désormais vu comme un des meneurs de l'opposition intellectuelle à la "normalisation". En 1969, Věra est licenciée de la télévision. "D'une main, je tenais un crocodile, une récompense prestigieuse de la télévision du pays, de l'autre, ma lettre de licenciement", s'amuse-t-elle dans *Host*.

Curieusement, c'est moins un déchirement qu'un apaisement. "À la télévision, j'avais connu ce sentiment de dégoût face à la promotion de soi-même. Je l'ai mieux supporté que Milan, mais, quand, après l'invasion ils m'ont virée, et que j'ai compris que je ne reviendrais pas, j'ai été soulagée de savoir que des gens que je ne connaissais pas allaient arrêter de me regarder, de critiquer mon visage, de me donner des conseils sur mes jupes ou ma coiffure."

Je m'étonne de ne trouver nulle part de portraits d'elle. Elle répond : "Pas de photos de moi ; par principe,

À la recherche de Milan Kundera

toujours je me sauve !" Dans chaque texto d'elle explose un comique qui met tout en doute : elle, le monde, et moi.

Un an après ce licenciement, son mari est exclu du Parti, puis reçoit à son tour une lettre d'un certain "Ceramuga", doyen de la FAMU, la faculté de cinéma, dont j'ai pu lire à Paris une traduction maladroite soigneusement conservée dans les archives d'un intermédiaire français : "Cher camarade, comme vous savez, lors de la réunion du 26 mai 1971 où vous étiez présent, le conseil de la faculté a examiné la question de la poursuite de votre activité à la faculté de cinéma et de télévision. Après avoir dressé le bilan de vos activités pendant les années 1968 et 1969, le conseil a jugé nécessaire de mettre fin à votre contrat de travail à partir du 30 septembre 1971. Nous vous proposons donc la résiliation du contrat de travail sur la base d'un accord mutuel et attendons votre réponse immédiate."

"Qui ne marche pas avec nous est contre nous", disaient les communistes sous l'occupation russe. Les livres de Kundera sont retirés des bibliothèques et des librairies. "Je n'existais plus", résume-t-il à François Nourissier.

Son père aussi est inquiété par le régime. Depuis 1968, il est à l'index à cause de son fils. La "maquette" du premier enregistrement du *Concertino* de Janáček, que Ludvík Kundera avait préparée, est détruite. En mai 1971, après dix longues années d'aphasie, ce père tant admiré meurt sans avoir achevé le livre qu'il voulait consacrer aux sonates de Beethoven.

Le climat de peur est tel que Milan Kundera ne reçoit que deux lettres de condoléances. "Je me souviens que

Ariane Chemin

l'une était de Jan Skácel, mon poète préféré", me confie Věra. Le jour des obsèques, quatre musiciens jouent le second quatuor à cordes de Janáček. Aucune voix ne s'élève ce jour-là. "Dans ce temps sombre de l'occupation, j'ai interdit tout discours", racontera trente ans plus tard Kundera dans *Une rencontre*.

Des ombres discrètes flottent autour du crématorium. La cérémonie est suivie par les hommes en gris de la police secrète. Ils surveillent le couple depuis maintenant deux ans déjà.

IV

"ÉLITIS OU D'UN

TE I",
LA VIE
AUTRE

1ᵉʳ juin 1974. L'écrivain Milan Kundera, *alias* Élitiste I, "quitte son domicile, tête nue, vêtu d'un costume sombre, chaussures noires. Il est accompagné de son épouse. Ils attendent un moment devant leur domicile. À 10 h 05, un véhicule immatriculé ABJ 6797 débarque devant le domicile d'Élitiste I. Le conducteur du véhicule est G. Il est accompagné d'un inconnu. Le sujet et son épouse montent dans le véhicule, qui démarre en direction de la rue Říčná, où il se gare".

17 décembre 1973. "Élitiste II [le nom de code désignant Věra Kundera] s'est rendue au café du Musée ethnographique de Brno pour rencontrer Z. K., un acteur qui vit avec la comédienne V. F. Le rendez-vous avait été fixé à l'avance. Ils sont arrivés l'un après l'autre. Après une conversation d'environ une demi-heure, notre source a vu Kunderová [la femme de Kundera, en tchèque] demander au garçon de café une feuille de papier A4 où elle a écrit. Le texte mentionne 'O. S.' et son numéro de téléphone. Věra Kundera a donné ce papier à Z. K. Notre source a ensuite vu Kunderová discuter 'accouplement de boxers' avec le garçon de café. Elle n'était pas certaine que son boxer, Honza, un pur race mâle, puisse féconder la femelle du garçon de café."

On se croirait dans *La Vie des autres*, le film de Florian Henckel von Donnersmarck qui explore les méthodes de la police secrète de l'ex-Allemagne de l'Est et la traque des artistes et dissidents, mais ici nous

IMMEUBLE DU 1, RUE BARTOLOMĚJSKÁ, EN 2019, ANCIENNE ADRESSE DE KUNDERA. AU NUMÉRO 7 SE TROUVAIT LE SIÈGE DE LA StB.

À la recherche de Milan Kundera

sommes à Prague et les vies qu'on espionne sont celles d'un écrivain qui va devenir l'un des plus fameux au monde. Quand j'exhume ces archives, fin 2019, les Kundera n'en ont jamais entendu parler. Ils ne les ont toujours pas lues, d'ailleurs. Toute la vie de Milan et Věra Kundera est ainsi couchée sur le papier, dactylographiée, répertoriée. Pas moins de 2 374 pages perforées, frappées du tampon "secret-défense" ou "top secret". "C'est dans les dossiers des archives de la police que se trouve notre seule immortalité", écrivait Kundera dans *Le Livre du rire et de l'oubli*. Court SMS de Věra : "C'est drôle, mon chien était une dame et son nom était Bonza. Même la police secrète était bordélique!!"
Ces procès-verbaux font partie du dossier consacré par la police secrète tchécoslovaque, la StB, à l'écrivain. À Prague, ils sont conservés à l'Institut pour l'étude des régimes totalitaires, qui, depuis 2008, rassemble toutes les archives du ministère de l'Intérieur héritées de la période communiste. Un déballage totalitaire, la preuve écrite d'une paranoïa généralisée.
Écoutes téléphoniques, conversations captées dans l'appartement du couple, filatures, clichés, courriers interceptés et ouverts… pendant dix années, entre 1969 et 1979, les Kundera, comme tant d'autres, ont été placés sous surveillance. Ils ont été les victimes d'un plan en deux étapes, que l'historien Petr Zídek, occupé depuis plus de vingt ans à explorer ces archives pour le quotidien *Lidové noviny*, me résume ainsi, au pied de l'immeuble de son journal : "D'abord, les forcer à quitter le pays. Ensuite, les empêcher de revenir de l'étranger."
Appareil photo caché sous leur manteau l'hiver, déguisés en faux touristes bulgares l'été, à pied ou

Ariane Chemin

à bord de grosses Volga, les hommes de la StB ont filé, photographié, traqué le couple, ragoté jusque sur son intimité. Tout y passe, des soucis de santé aux promenades au parc Kampa, des considérations littéraires ou politiques aux séances de Milan Kundera avec une diseuse de bonne aventure installée à Kolín, à soixante kilomètres de la capitale. Le compte rendu des policiers témoigne que la voyante n'a pas hésité à s'épancher ensuite devant les agents.

Dans ma chambre d'hôtel, rue Hybernská, je fais rouler la molette de ma souris d'ordinateur. Les procès-verbaux sont tapés à la machine Remington, et restent très lisibles. *"Přísně tajné"*, top secret ; *"osobní"*, personnel... Sentiment de vertige, gêne de me transformer à mon tour en voyeuse, en dépit du temps qui a passé. Je ne comprends pas le tchèque mais, avant même qu'une traductrice me les déchiffre, je devine que ces microfiches dévoilent les noms des balances ou des bavards qui partagent imprudemment un thé avec un indic.

L'énergie déployée par les hommes en gris fascine. Après le rendez-vous où il fut, donc, question de chiens de race, le lieutenant de police conclut : "Vérifier S. K. Identifier O. S. Informer camarade P. de la division II/A." Puis : "Faire deux copies, une pour le dossier Élitiste, une autre pour le dossier de travail." Titanesque bureaucratie.

Ce qui m'effraie le plus ? Les témoignages des nombreux mouchards, amis ou connaissances disposés à collaborer, souvent en raison de pressions exercées par la StB sur leur emploi ou leur famille : l'un sonde par exemple Kundera sur son prix Médicis, reçu en France en 1973 ("Est-il doté ?" "Es-tu content ?"). Comme pour tant d'intellectuels dans le viseur du

À la recherche de Milan Kundera

régime communiste, leurs conversations sont retranscrites dès le café ou la chope de bière avalés, parfois sur deux ou trois pages : "Il a dit…, J'ai répondu…".

C'est après le Printemps de Prague que la police secrète commence à se pencher pour de bon sur le cas Kundera. Jusque-là, le maître de conférences de la faculté de cinéma avait la confiance du Parti. Il pouvait se rendre à Paris, même si, au retour, il devait "faire un rapport, parfois sous la menace", rappelle Petr Zídek. La StB lui reproche désormais d'avoir "fortement influencé" le cours des débats sur la censure de 1967 et de "contester les mesures du Parti et du gouvernement en matière culturelle".

Un dossier "Basník" est ouvert le 9 janvier 1968. Il reprend le nom de code qui avait déjà été attribué par la StB à Kundera en décembre 1959. "À l'époque, il en fallait peu pour que la police s'intéresse à quelqu'un, note Zídek. Pour Kundera, il a suffi d'une rencontre avec des Yougoslaves, d'un coup de téléphone de Suisse…" Ce dossier est fermé et détruit une première fois en mai 1962 : rien de passionnant à signaler. J'en retiens ce nom, "Basník", qui signifie "le poète" en tchèque. Humour involontaire des hommes en gris ; ce sera le surnom de Jaromil, le héros de *La vie est ailleurs* (1973), c'est également le nom de l'une des victimes de la Stasi dans *La Vie des autres*. La police n'aime pas la poésie.

Après son licenciement de la FAMU, puis son exclusion du Parti, Kundera devient aux yeux des "services" un "ennemi de catégorie 2". En septembre 1971, alors que l'écrivain a 42 ans, est donc enclenchée l'opération

UNE PAGE DU DOSSIER "ELITÁŘ" OUVERT PAR LA POLICE SECRÈTETCHÉCOSLOVAQUE SUR MILAN KUNDERA.

À la recherche de Milan Kundera

"Elitář", "Élitiste" en français. Justification de ce nom de code par la StB : "La théorie de l'élitisme est ancrée en lui." Un dernier dossier est ouvert quelques mois plus tard au nom de sa femme : Věra Kundera est enregistrée sous le code de "Elitář II". Pour les hommes en gris, elle n'est qu'un numéro, la doublure de son homme. "Je suis humiliée. Je vais rejoindre le rang des #MeToo!!!" m'écrit-elle quand je l'en informe. Leur vie devient vite un enfer – la dictature de la transparence. Ils doivent sans cesse déployer mille ruses. Un exemple ? Le romancier Josef Škvorecký, qui a quitté Prague après l'invasion soviétique et créé en 1971 au Canada la maison d'édition Sixty-Eight Publishers, rêve de publier Kundera en tchèque dans son pays d'adoption. Il a besoin de l'accord de l'écrivain, mais il faut rester discret ; comment transmettre la proposition ? En décembre 1973, contact est pris avec une certaine Amber Bousoglou, journaliste. Au service étranger du *Monde*, cette exilée tchèque aujourd'hui décédée couvre l'Europe de l'Est et l'Union soviétique. Elle joue les intermédiaires entre l'éditeur et les Kundera. S'ils sont hostiles à ce projet, une courte lettre anodine à Škvorecký suffira ; si l'écrivain est d'accord, "un télégramme ou une carte postale", simplement signé "Věra" et "souhaitant avec un peu de retard un bon anniversaire !", et l'éditeur de Toronto comprendra que c'est bon.

Une question obsède la Sécurité d'État : le couple cherche-t-il à émigrer ? Pour en avoir le cœur net, elle passe au crible les rapports des Kundera avec leurs "contacts" à l'Ouest. Déjà, en 1969, les agents avaient noté que Milan alias Elitář I entretenait d'"intéressantes relations avec l'étranger", notamment avec "le linguiste Roman Jakobson", un Américain d'origine russe dont la StB fait d'ailleurs à tort son "oncle" – il était en réalité, comme on l'a vu, le beau-père de sa première femme. Du coup, la StB se passionne pour les écrivains proches du romancier, et sur les microfiches archivées, c'est tout un pan de l'histoire des lettres qui ressuscite tout à coup sous mes yeux.

J'ai l'impression étrange de découvrir un inestimable trésor extirpé de la folie de l'archivisme totalitaire. À gauche de mon écran, dans des colonnes bien formées, surgissent des tas de patronymes fameux et d'écrivains dont la vie aussi, par ricochet, a été espionnée. Entre mille noms tchèques, voilà qu'apparaît aussi celui de Philip Roth.

Le romancier américain a fait la rencontre de Kundera à Prague en 1973 (à cette date, les services locaux voient en Roth un "ennemi", en raison notamment de son adhésion aux thèses du "sionisme international"). Les Kundera lui rendront ensuite visite dans le Connecticut. L'auteur de *Portnoy et son complexe* tente d'aider des romanciers proscrits à l'Est en concevant et en éditant une collection "Writers from the Other Europe" (Écrivains de l'autre Europe); en 1975, il y préface les nouvelles de *Risibles Amours*. Apparaissent aussi les noms de Claude Roy et du fondateur du *Nouvel Observateur*, Jean Daniel, qui aimait tant Kundera, mais aussi toute la "famille" Gallimard. Presque un annuaire de la maison d'édition: Roger Grenier, l'un de ses fameux éditeurs, l'ami de Romain Gary; François Hirsch, *alias* François Kérel, traducteur attitré de Kundera; et, bien sûr, le patron lui-même, Claude Gallimard.

QUELQUES-UNS DES "CONTACTS"
DE MILAN KUNDERA RECENSÉS
PAR LA StB: SON ÉDITEUR PARISIEN,
CLAUDE GALLIMARD, SON TRADUCTEUR,
SON ÉDITEUR CANADIEN...

VĚRA ET MILAN KUNDERA AU BALCON
DE LA SALLE DE CONCERTS
BESEDNÍ DŮM À BRNO.

À la recherche de Milan Kundera

Celui-ci a fait la connaissance de Kundera lors de la sortie à Paris de *La Plaisanterie*, à l'automne 1968 ; depuis, il a pris l'habitude de se rendre à Prague. "À quatre reprises, croit se souvenir son fils Antoine, qui a pris sa suite. Il m'en parlait à chaque fois. À l'époque, les éditeurs n'étaient pas nombreux à se rendre à l'Est…"
Claude Gallimard, qui publie le communiste Aragon, n'est pas trop mal vu par la StB, qui le dit "progressiste", "sympathisant du PCF"… À chaque voyage, il rend d'ailleurs diplomatiquement visite à la maison d'édition tchèque Dilia. N'empêche : ses visites au caricaturiste Adolf Hoffmeister, qui l'héberge le plus souvent, les cafés où il s'attarde, tout est consigné dans le dossier "Elitář I". La StB sait qui l'attend à l'aéroport, qui le raccompagne, note ses horaires d'avion. Mais loupe aussi, au passage, quelques informations…
Milan Kundera l'a raconté dans un court texte confié en 2011 au *Nouvel Observateur* : Claude Gallimard profite d'un de ces séjours à Prague pour rapporter en toute discrétion deux manuscrits, dont *La Valse aux adieux*. "Pour moi, [ce livre] était un 'adieu' à ma vie d'écrivain, raconte-t-il. Claude Gallimard l'a compris et, à sa façon, fine, presque timide, il nous a encouragés, ma femme et moi, à émigrer."
Une lectrice de Gallimard suit souvent le "patron" en voyage. Son nom figure dans le dossier "Elitář I" : c'est Colette Duhamel, alors épouse du ministre des Affaires culturelles, Jacques Duhamel. On raconte qu'elle partait à Prague les poches pleines des droits d'auteur de Milan Kundera. Dans un texte inédit écrit en 2005 pour les 80 ans de Colette Duhamel, devenue entretemps madame Gallimard, le romancier a rendu un vif

Ariane Chemin

Sous une fausse couverture blanche, cinquante amis de Colette Gallimard ont écrit un texte pour ses 80 ans ; parmi eux, Milan Kundera.

hommage à ses anges gardiens français : "Je les voyais comme les visiteurs de l'Autre Monde, écrit-il. Leur présence à Prague m'apparaissait comme une fantaisie."

Comme tant d'autres intellectuels mis au ban par le régime et privés de métiers qualifiés, le couple peine à vivre sur les seuls droits économisés grâce à la dernière édition tchèque de *La Plaisanterie*. Chacun cherche un petit boulot : Tomas, le héros de *L'Insoutenable Légèreté de l'être*, devient laveur de carreaux, Věra Kundera tente de "faire la plonge" dans une foire de la ville de Brno – sans succès. Heureusement, elle a eu la bonne idée d'apprendre l'anglais quelques années plus tôt et donne des leçons particulières chez elle. "C'était interdit, mais ils nous foutaient la paix. Soit ils étaient cons, puisque notre téléphone était sur écoutes, soit ils faisaient exprès de ne pas nous embêter", rit-elle au téléphone. Milan, lui, signe sous un faux nom les horoscopes de *Jeune Monde*, un magazine pour la jeunesse très populaire : pour chaque signe, chaque ascendant, il fait œuvre de poésie. Toujours sous pseudo, il écrit une pièce de théâtre, *Jacques et son maître*, qui à la chute du communisme en 1989 s'est jouée sous ce faux nom. Elle a passé les frontières et les âges : c'est celle que choisit de jouer Emmanuel Macron en 1992, alors qu'il est en troisième, devant une professeure de français devenue depuis son épouse.

Sans être de fins psychologues, les fonctionnaires de la StB croient comprendre que ce qui compte pour Kundera, c'est de poursuivre son œuvre. Une bonne raison de quitter le pays ? À partir de 1974, il est régulièrement convoqué au ministère de l'Intérieur ou dans les locaux de la StB, rue Bartolomějská ("une toute petite rue, deux fois à peine notre impasse à Paris", me précise Věra), pour sonder ses intentions. "La police devine que Kundera a envie de s'exiler et s'en réjouit, raconte Petr Zídek. Le régime communiste veut se débarrasser de lui et, à partir de 1974, va tout faire pour lui faciliter la tâche." L'écrivain a beaucoup d'amis en France, notamment des éditeurs. Sans doute va-t-il tenter de rejoindre Paris.

v REN
OU LA
AILL

NES 2,
VIE EST
EURS

La StB s'est encore trompée.

Dimanche 20 juillet 1975, une Renault 5 bleue — et non rouge, comme le notifient les procès-verbaux de la police secrète — immatriculée ABX 5182 quitte la Tchécoslovaquie pour filer vers la frontière allemande, direction Munich. À l'avant, les Kundera. Il a 46 ans, elle, 39. À l'arrière, des cartons bourrés de livres, une cinquantaine de disques vinyle, des valises, quelques robes. Avant de prendre la route, Věra s'est rendue chez "Monsieur Řezníček", un diseur de bonne aventure. De la femme de Kundera, il ne connaît que le signe astrologique. "Je me souviens qu'il m'avait prédit : 'Petit scorpion, tu ne mourras pas en Bohême'", me raconte-t-elle. Kundera a toujours aimé les concordances astrales et ces prédictions qui aiguillent le destin.

Le couple n'a pas tout emporté avec lui, les carnets de Milan sont restés à Prague. L'écrivain les a confiés au conseiller culturel de l'ambassade de France, Jean-Sylvain Pradeau, qui le recevait souvent à dîner avec "Kosík, Preclík, Kohout et d'autres devenus alors des parias, des exclus, des 'morts-vivants', pour nous dire qu'il était solidaire de nous, avec nous", a raconté Kundera dans un petit texte méconnu confié à l'Institut culturel français de Prague. Dans le précieux paquet qu'il lui abandonne (à charge pour le diplomate français de le lui restituer lorsqu'il se rendra en France) se trouvent, "à l'état de notes, *Le Livre du rire et de l'oubli* et *L'Insoutenable Légèreté de l'être*".

Ariane Chemin

Les Kundera se savent attendus. Lorsque l'éditrice Colette Duhamel quittait Prague avec Claude Gallimard, elle glissait toujours les mêmes mots à l'oreille de l'écrivain : "Un jour, Milan, peut-être en France…" Ils y sont presque. L'autorisation de s'exiler pour "730 jours" leur a été délivrée le 2 juillet, les passeports, le 12. Une grosse semaine plus tard, le couple a fermé la maison de la rue Purkyňova, à Brno, en Moravie, et roule désormais vers l'"Ouest", comme on disait avant la chute du mur de Berlin.

Personne ne les poursuit ; une évasion sans gardiens. "L'administration communiste tchèque était bien contente de se débarrasser de Milan", reconnaît en 2019 Věra Kundera dans le magazine tchèque *Host*. Mais leur avenir est tout à coup décomposé. Où les entraîne-t-il ? Milan laisse derrière lui sa mère ; Věra, le cœur déchiré, abandonne ses parents. Ils ont dû aussi confier leur chien – cet animal qui, dans les livres de Kundera, est toujours plus heureux que l'homme, tant il ignore la passion, la trahison et l'adultère.

"J'étais absolument convaincue que je ne reverrais jamais Prague, dit Věra. Je suis toujours d'un pessimisme radical. Qui alors pourrait imaginer que le rideau de fer n'est pas éternel, que le mur de Berlin tombera treize ans plus tard ?" Son mari n'est pas dans les mêmes dispositions d'esprit, cet été 1975. À ses yeux, l'exil n'est qu'une parenthèse : "J'ai le droit de retourner en Tchécoslovaquie. C'est extrêmement important pour moi, explique Milan Kundera quelques mois après leur départ au journal allemand *Europäische Ideen*. L'existence d'un migrant permanent me déprimerait."

La R5 traverse la Bavière et avale les kilomètres. "Strasbourg, Reims, Amiens, Orléans, Troyes… nous

MILAN ET VĚRA KUNDERA,
À RENNES, EN JUIN 1978.

avons visité toutes les cathédrales", se souvient Věra. Le voyage doit prendre fin à Rennes. Pourquoi Rennes? Par un enchaînement de hasards, comme souvent avec son mari.

Tout s'est noué à Paris, un an avant cette odyssée, à l'occasion d'une réception donnée en l'honneur de l'écrivain, me révèle l'académicien Dominique Fernandez, 91 ans, comme Kundera.

En 1973, le prix Médicis étranger a couronné Milan Kundera pour *La vie est ailleurs*. Au printemps 1974, après un an d'atermoiements, le pouvoir communiste tchécoslovaque consent à lui octroyer un visa de quinze jours pour se rendre à Paris recevoir sa récompense.

Le lauréat est attendu en fin d'après-midi chez Gala Barbisan, cofondatrice du prix. C'est une Russe de 70 ans qui a émigré d'Union soviétique en 1935 pour épouser un riche industriel italien. "Une femme libre, à la fois stalinienne et millionnaire, m'explique Fernandez. Avant de choisir Kundera pour le Médicis, elle m'avait demandé : 'Dominique, vous pensez que je peux donner le prix à l'ennemi de ma patrie?'"

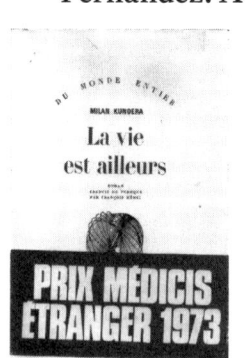

La mécène a réuni les membres du jury dans son hôtel particulier aux airs de chalet, rue Cortot, sur la butte Montmartre. Milan a laissé Věra en Tchécoslovaquie. Quand la longue silhouette solitaire du lauréat apparaît dans le salon-atelier, tous les regards se tournent vers lui. "Personne alors ne le connaît, poursuit l'académicien. Il nous raconte que la vie est impossible à Prague, qu'il doit quitter l'appartement

À la recherche de Milan Kundera

pour parler à sa femme, qu'il y a des micros partout…" De sa voix assourdie, Kundera leur glisse ce soir-là : "J'aimerais trouver du travail chez vous".

Tout se passe "comme si, depuis sa prime jeunesse, chacun de nous portait en soi l'endroit de son exil possible", a écrit Kundera à propos d'un autre écrivain tchèque, son ami Josef Škvorecký, grand amateur de jazz, lui, qui ne jurait que par l'Amérique du Nord et vit aujourd'hui à Toronto. Enfant, Kundera s'était rendu plusieurs fois à Paris avec son père pianiste, disciple d'Alfred Cortot et vif admirateur du groupe des Six (Milhaud, Honegger, Poulenc, etc.). S'en souvient-il à l'heure de l'exil ? La France en tout cas est son premier choix.

Mais pas question de fuir dans la clandestinité : il veut s'exiler légalement. "Dissident : le rôle ne lui convenait pas. Il ne souhaitait pas de malentendu politique. Ce qui lui importait, lui, c'était d'être écrivain", insiste Dominique Fernandez. "Kundera ne voulait pas devenir la marionnette des rapports Est-Ouest. C'est le fameux 'moi d'abord' du romancier…", renchérit l'écrivain Philippe Sollers, autre bonne fée qui, dans les années 1980, accueille dans sa revue *L'Infini* des articles publiés plus tard dans l'essai *Les Testaments trahis*.

Parmi les membres du jury du Médicis réunis ce soir-là se trouve Lucie Faure, l'épouse d'Edgar Faure, l'un des piliers des gouvernements mouvants de la IVe République. Ancien ministre du général de Gaulle et de Georges Pompidou, il est alors président de l'Assemblée nationale. Lucie Faure (*"Fauerova"*, "la femme de Faure", écrit la StB dans ses dossiers), tour à tour relieuse d'art et directrice de revue, est désormais romancière, et fascinée par la jalousie et les passions contrariées. Les personnages ambigus de *Risibles Amours* l'intriguent. Peut-être pourrait-elle aider Kundera en parlant de sa situation à son mari.

Le 8 mai 1974, Milan retrouve le couple Faure lors d'un repas organisé en son honneur par Claude et Simone Gallimard, dans la salle à manger privée du dernier étage de la maison d'édition, où il loge pour l'occasion. La scène est rapportée par le romancier Claude Mauriac dans son journal, *Le Temps immobile*. À quelques semaines de l'élection présidentielle, le duel entre Mitterrand et Giscard aspire toute la conversation. Edgar Faure, ancien ministre de De Gaulle et de Pompidou, zozote et ne parle que de lui. Un vrai dîner parisien, des débats de privilégiés, se dit sans doute un Kundera silencieux. À Mauriac, il explique qu'il se "méfie" du régime tchécoslovaque et craint "[il] ne sai[t] quelle provocation".

Dominique Fernandez veille, heureusement. Durant le petit pince-fesses de Gala Barbisan, Fernandez a eu une idée : lui-même enseigne l'italien à l'université Rennes 2 ; pourquoi ne pas y demander un poste pour Kundera ? "Après son séjour à Paris, j'ai proposé au conseil d'université de Rennes qu'il devienne professeur associé, me confie-t-il, et ils ont accepté. Edgar Faure a intrigué pour le permis de séjour." Grâce à cette nuée de protecteurs, le cours de littérature générale et comparée du romancier tchèque pourra débuter à la rentrée 1975.

Voilà pourquoi, ce 25 juillet, les Kundera débarquent à Rennes. Pour entrer dans la ville, ils empruntent Bronenska, l'"allée de Brno" — les deux villes ont été

À la recherche de Milan Kundera

jumelées dix ans plus tôt. Les premiers souvenirs d'exil des déracinés ne s'effacent jamais totalement de leur mémoire ; un demi-siècle a passé, et, au téléphone, la coïncidence continue de réjouir Věra Kundera.

À l'époque, la capitale bretonne n'a rien à voir avec la ville étudiante bouillonnante d'aujourd'hui. C'est une cité un peu assoupie. Visiblement, Kundera ne lui trouve pas le même charme que lui trouve Michel Mohrt, l'écrivain de Rennes, qui, avant-guerre, vibrait à ses rues pavées, ses hôtels particuliers XVIIIe ou au clocher de l'église Saint-Melaine. "Je pensais que Brno était la ville la plus laide au monde, s'amuse-t-il devant son nouveau collègue Fernandez. J'ai découvert qu'il y avait Rennes…" Le soir qui suit l'abordage breton, le blues est tel que le couple met le cap encore plus à l'ouest, face à l'océan : sur le Sillon de Saint-Malo, pile devant le Grand Bé où gît Chateaubriand.

À Rennes, ils louent au dernier étage des Horizons, l'une des deux tours situées à l'ouest de la ville, l'appartement 303-B, un numéro en écho à la bureaucratie pragoise. Le bâtiment culmine à cent mètres : point de vue imprenable sur la cité, mais aussi ligne de fuite offerte à l'imagination. "Quand le soleil m'a réveillé, j'ai compris que ces grandes fenêtres donnaient à l'est, vers Prague", écrit Kundera dans *Le Livre du rire et de l'oubli*. À deux mille kilomètres de distance, il cherche du regard ses personnages. "J'ai dans l'œil une larme qui, semblable à la lentille d'un télescope, me rend plus proche leur visage."

L'université a été déplacée en 1967 du centre historique vers le quartier périphérique de Villejean-Malifeu.

MILAN KUNDERA DANS SON APPARTEMENT
DE RENNES EN JUIN 1978.

À la recherche de Milan Kundera

"J'habitais Paris et faisais la navette tous les lundis pour mon cours d'italien, raconte Fernandez. Milan m'attendait au train et m'emmenait déjeuner chez eux, Věra cuisinait des plats tchèques avec des graines de pavot." Elle rit. "Mes invités pensaient que nous voulions les droguer, car tout ce qu'ils savaient des coquelicots, c'est qu'ils servaient à fabriquer l'opium." Les murs arrondis sont décorés de dessins, de céramiques et de statuettes réalisés par l'écrivain, mais pas faciles à aménager. "Le menuisier de la fac était venu y construire une bibliothèque", se souvient l'académicien.

La faculté possède une tradition d'ouverture. Ainsi, Mário Soares, futur président du Portugal, y a enseigné de 1970 à 1972. Kafka, ses interprètes, le roman et l'Europe centrale : c'est le sujet du cours que donne Kundera. Le 17 janvier 1978, si on en croit le Journal méticuleux de Matthieu Galey, Viviane Forrester, qui a déjà publié au Seuil un essai sur Virginia Woolf, débarque à Rennes pour rendre visite à Milan. "J'aimerais tellement apprendre le tchèque", lui lance l'essayiste. "Quelle drôle d'idée ! C'est une langue difficile que j'ai eu beaucoup de mal à apprendre moi-même", répond Kundera avec humour. La suite de l'histoire, il la réserve à ses amis : Viviane Forrester a insisté et prétexté vouloir absolument "lire *Le Procès* dans le texte". L'écrivain eut la délicatesse de ne pas lui rappeler que Kafka l'avait écrit en allemand.

Après le spleen des premiers jours, les Kundera respirent. "Pas une libération, plutôt un enchantement, comme des vacances." En cette seconde moitié des années 1970, les Kundera font l'apprentissage de

Ariane Chemin

la France par la province. Chaque jour, Věra "taille une bavette" avec les commerçants, les concierges, les patrons de bistrot. Tout lui paraît exotique. Elle demande du "raifort", on lui donne du roquefort. Au supermarché, elle goûte "toutes les sortes de moutarde, peut-être vingt", en ouvrant chaque pot. "Un jour, je colle l'autocollant 'J'suis Bretonne et j'en suis fière' sur notre R5. Quelques heures plus tard, elle était volée." Il y a chez Věra Kundera le culte du détail et la manière de saisir l'involontaire ironie des choses que l'on retrouve dans les romans de son mari.

Pendant qu'il enseigne Kafka, elle suit des cours de littérature à la fac. Six mois ne se sont pas écoulés qu'une longue agitation étudiante gagne le campus. Quel spectacle, pour un homme ayant fui l'occupation communiste ! "Imaginez un exilé tchèque assistant en entomologiste aux élucubrations de jeunes révolutionnaires en chambre rejouant l'occupation de la Sorbonne dans un amphi Chateaubriand rebaptisé 'amphi Ulrike Meinhof', la terroriste d'extrême gauche de la bande à Baader, me raconte, amusé, un ancien étudiant en lettres. Ubuesque. Heureusement pour nous, poignée d'étudiants qui avions rendez-vous avec lui chaque semaine, Kundera était là pour dessiller nos regards…"

Émigrer, c'est réinventer de nouveaux cercles d'amitié. Le statut de professeur associé ne garantit qu'un salaire de 7 212 francs (1 099 euros), selon les archives de la StB, plus "685 francs d'indemnité d'expatrié". "Heureusement, il y a eu des amis pour nous prêter des petites cuillères", sourit Věra Kundera.

À la recherche de Milan Kundera

Milan et Věra Kundera découvrent une institution française : les déjeuners qui s'éternisent autour d'une conversation. "La nation tchèque ne connaît pas ce rite social vieux en France de plusieurs siècles, s'amusait Věra il y a un an dans *Host*. Les fêtes, les repas, les salons : voilà ce qui tient la France et l'empêcherait de s'atomiser même si le pays était occupé par des Lapons."

En France, le couple est une curiosité. On les invite à droite à gauche, en Bretagne, en Poitou-Charentes, à Paris. Près de Niort, Milan retrouve un de ses "facteurs", comme il surnomme ceux qui font la navette entre son pays et la France. Le diplomate Jean-Sylvain Pradeau et sa femme Martine ont téléphoné pour les convier dans leur maison de campagne, ils ont laissé la Tchécoslovaquie pour les vacances et sont rentrés avec les fameux carnets. "Nous y sommes restés deux très beaux jours, cela a été notre première connaissance intime et directe de la France", a confié Kundera dans Une histoire de l'*Institut français de Prague*.

L'été suivant, ils sont reçus par un professeur de littérature qui leur fait découvrir Belle-Île-en-Mer, le lieu de villégiature des Parisiens de la rive gauche. C'est le début de douces parenthèses estivales dans une maison proche du phare des Poulains ou au moulin de Bourhic, à Locmaria.

Qui le sait ? C'est là, à l'été 1976, que s'est écrit *Le Livre du rire et de l'oubli*. "Contre l'avis de Milan, j'avais emporté avec moi sa machine à écrire, raconte Věra Kundera. Pendant six semaines il m'a dicté la première version de son livre. On travaillait en maillot de bain dans le jardin en buvant du vin". Parfois, elle avait le blues de la Bohême. Pendant la "normalisation",

AURORE CLÉMENT, MILOŠ FORMAN
ET MILAN KUNDERA À BELLE-ÎLE-EN-MER,
EN NOVEMBRE 1976.

À la recherche de Milan Kundera

à Prague, son mari disait déjà : "J'écris pour faire rire Věra". Durant ces vacances caniculaires de 1976, Milan dicte son livre pour que Věra ne soit "pas triste" devant sa machine à écrire. En congé sur l'île du Morbihan, l'historien Pierre Nora croise cet été-là son ami l'écrivain et journaliste du *Nouvel Observateur* Claude Roy, figure influente de l'époque. Roy passe des vacances chez Milan Kundera, dont il porte et salue chaque ouvrage. Présentations sur le sable. Nora s'apprête à fonder *Le Débat*, la revue intellectuelle de Gallimard. La rencontre de Belle-Île scelle une amitié. Des années plus tard, Nora interpellera d'ailleurs Kundera : "Écris donc ton dictionnaire personnel. Tes mots-clés, tes mots-problèmes, tes mots-amours…" Le *Débat* publie un abécédaire de soixante-neuf entrées que l'on retrouve dans son essai *L'Art du roman*.

La rentrée scolaire sonne le retour à la "vie anonyme du professeur de province". C'est du moins ce qu'il croit. Il l'ignore, mais ses faits et gestes sont espionnés jusqu'en Bretagne, révèlent aujourd'hui les archives de la Sécurité d'État tchécoslovaque. Les agents de la StB veulent savoir si l'exilé tient des propos critiques sur la "normalisation" en place depuis 1968, "ce qui fournirait enfin aux autorités une bonne raison pour le déchoir de sa nationalité", m'explique à Prague l'historien Petr Zídek. Pour cela, il faut le surveiller de près.

Ces documents exhumés l'attestent : au tournant des années 1980, pour surveiller Kundera, la police secrète collaborait à Rennes avec deux lectrices de langue tchèque. Sans grand résultat : Milan se tient à distance de ses compatriotes. Les hommes en gris se lancent

Ariane Chemin

alors dans "un jeu assez sale". À Prague, ils convoquent tous ceux qui restent en contact avec le couple. "Pour les terroriser, la police leur a dit que Kundera avait pratiqué l'espionnage avec des agents impérialistes, explique Petr Zídek. C'était aussi une façon d'intimider Kundera lui-même. S'il rentrait, il aurait pu être jugé pour cette fausse activité."

En 1978, un déménagement s'annonce tour des Horizons. La sécurité d'État en suit tous les préparatifs même s'il ne s'agit pas d'un retour en Tchécoslovaquie.

Věra Kundera a compris qu'ils ne pourraient pas rentrer à Prague. Alors le couple préférerait vivre à Paris. Pierre Nora l'a deviné : "Dès 1976, j'avais présenté Kundera à François Furet, pour qu'il l'aide." Président de l'École des hautes études en sciences sociales (EHESS), cet ancien du PCF, devenu le grand historien de la Révolution française, désormais anticommuniste farouche, s'intéresse aux dissidents. Pourquoi ne pas tous les rassembler dans un séminaire dirigé par Kundera ?

L'ATEL
VI PAR
DU RO

IER
ISIEN
MAN

Portait-il ce lundi-là son pull à col roulé noir ? Ou sa chemise bleu nuit ? La mémoire manque, les souvenirs divergent.

Milan Kundera a ôté son imper et posé sa casquette de marin sur la table. Nous sommes en 1980, jour du premier séminaire de l'écrivain tchécoslovaque. Il se tient près d'une boutique de lingerie fine, rue de la Tour, dans le quartier de Passy, à Paris – presque tous les participants s'en souviennent. Pendant plus d'une décennie, à l'École des hautes études en sciences sociales, Kundera a ouvert son panthéon littéraire à une quarantaine de privilégiés.

Ses auditeurs se souviennent que, lors de ce premier cours, sa main a dessiné sur le tableau la carte de l'Europe et placé Budapest, Vienne et Prague, son triangle magique, une invitation à découvrir la littérature d'Europe centrale, cette *terra incognita*.

En introduction, il prévient : "En France, vous n'avez pas compris. Kafka n'est pas un auteur tragique, c'est un auteur comique. Il faut rire avec Kafka. Et donc vous débarrasser d'abord de tous les 'kafkologues'" – ces spécialistes qui, selon lui, ont recouvert de leur érudition l'univers de l'écrivain. "Rappelez-vous les premières pages du *Procès* : deux hommes débarquent le matin chez K. Il se trouve encore au lit et apprend qu'il est accusé. La scène est absurde et drôle. Quand Kafka a lu ce chapitre pour la première fois devant ses amis, ils ont tous ri."

À l'EHESS, l'usage n'est pas aux cours magistraux, en surplomb et en amphi : "Vous rencontriez des copains, vous discutiez de votre dernier livre avec eux, et de temps en temps un étudiant profitait de ce cours magnifique", comme s'amuse Pierre Rosanvallon. C'est un non-lieu universitaire où se croisent aussi bien Barthes que Derrida, Foucault que Lévi-Strauss.

Chaque lundi, autour de la table en U, une assistance baroque, très différente de l'habituel public étudiant des séminaires universitaires, vient écouter ce bel écrivain à l'accent traînant et au regard mélancolique. Il y a là, pêle-mêle, trois élégantes de la bonne société roumaine établies dans le XVIe arrondissement, perles, bagues et ongles rouges déployés, "trois pies à mise en plis qui pouffaient à chaque bon mot de leur professeur, comme dans un orgasme", s'amuse la romancière Simonetta Greggio. Il y a aussi un rabbin (Gilles Bernheim), un photographe génial et aveugle (le Slovène Evgen Bavčar), des autodidactes, des Américains, deux traducteurs, une très jeune Italienne sans le sou... "J'avais appris le français en le lisant. Tous les grands écrivains que je connaissais étaient morts. J'en rencontrais enfin un vivant", m'explique Simonetta.

Chaque semaine, Kundera sort de sa sacoche une chemise à élastique, d'où il extrait des fiches, parfois des schémas. Du temps où il enseignait à la faculté de cinéma de Prague, il parlait sans notes. Mais, depuis qu'il a commencé à assurer des cours en France – à l'université de Rennes, en 1975 –, il passe ses nuits à les préparer. "Il s'épuisait à écrire ses cours phrase par phrase, car dans une langue étrangère, c'est difficile d'improviser, raconte Věra. Quand nous sommes arrivés, il avait les cheveux noirs ; six mois plus tard, ils étaient gris". Tous les lundis, dans l'appartement qu'ils louent rue Littré, elle lui prépare deux tickets de métro, plus l'argent pour le pot qui suit, au bistrot. On raconte que le professeur ne s'attardait jamais longtemps. Chaque lundi Věra veillait à l'heure de son retour.

Il n'existe aucun enregistrement de ces rendez-vous hebdomadaires. Heureusement, il y a Lakis Proguidis. Cet ingénieur communiste grec, immigré à Paris, est la mémoire vivante du séminaire. Il a appris le français en lisant *Le Livre du rire et de l'oubli*, s'est inscrit parmi les premiers au cours du *mæstro* et n'a pas manqué une séance jusqu'à sa fin, en 1994, même lorsqu'il travaillait dans un restaurant grec. Il évoque ces belles années en roulant les "r" comme des cailloux : "Kundera a commencé par deux ans de Kafka, puis, dans le désordre, deux années d'Hermann Broch, une de Dostoïevski, puis..."

L'écrivain tchécoslovaque n'a pas le charisme de son ami Cornelius Castoriadis, qui officie le mercredi dans la même salle. Sa voix un brin monocorde cache une "réserve proche de la timidité, ou inversement", d'après Simonetta Greggio. "Il semblait toujours sur la défensive, poursuit-elle, comme s'il ne voyait pas l'assistance et se méfiait de trop de familiarité ou d'exubérance – un trait de la culture d'Europe centrale." Pour les étudiantes c'est grisant et mystérieux.

Kundera n'a pas la vocation de l'enseignement : d'ailleurs, il n'entend pas diriger de travaux ou de thèses. Y trouvait-il du plaisir ? Pas certain. S'il passionne, c'est parce qu'il ne parle pas seulement de littérature, mais de *sa* littérature. "J'ai réalisé avec lui qu'il y a des choses

À la recherche de Milan Kundera

de la vie d'un homme qu'on ne comprend que par les livres qu'il aime", me confie le rabbin Gilles Bernheim.

Kundera ouvre toutes grandes les portes de sa bibliothèque idéale. Il lit des extraits de *L'Homme sans qualités*, de l'écrivain autrichien Robert Musil ; explore *Les Somnambules*, de son cher Hermann Broch ; fait découvrir *Le Brave Soldat Chvéïk*, du Pragois Jaroslav Hašek, le grand maître de l'ironie. Il invite à s'asseoir à ses côtés l'écrivain yougoslave Danilo Kiš ou le Polonais Kazimierz Brandys, qui le raconte dans ses Mémoires, ou encore son amie Agnieszka Holland. Elle réalise aujourd'hui des épisodes entiers de *The Wire* ou de *House of Cards* ; à l'époque elle décryptait le film *Danton* de Wajda.

Pour Kundera, le séminaire est aussi un formidable laboratoire où il développe et approfondit ses idées sur l'art de la composition, toutes reprises dans ses essais postérieurs : *L'Art du roman*, puis *Les Testaments trahis*, *Le Rideau*... C'est comme un "atelier du roman", le nom de la revue (et de la petite confrérie) créée en 1993 par Proguidis et où sont passés tant de francs-tireurs rétifs aux écoles littéraires, tels que le jeune Houellebecq.

À ses côtés, sur la table en U, se tient un thésard de 30 ans aux cheveux bruns. Christian Salmon est alors un jeune marxiste, et l'auteur d'une thèse sur la révolution bolchevique. Il a rencontré Kundera presque par hasard, en l'interviewant pour le journal *Libération*. Une complicité s'est nouée, et Salmon est devenu le premier assistant de ce drôle de séminaire, avant de céder la place à Proguidis. Lui aussi se souvient : "En ce début des années 1980, Kundera était à la mode."

LE CAHIER DE COURS D'UN DES
PARTICIPANTS AU SÉMINAIRE DE MILAN
KUNDERA, NORBERT CZARNY, AUJOURD'HUI
CRITIQUE LITTÉRAIRE.

À la recherche de Milan Kundera

La future académicienne Danièle Sallenave et le philosophe Alain Finkielkraut se joignent à la bande. Avec le succès de *L'Insoutenable Légèreté de l'être*, débarquent aussi les dilettantes et les importuns, les groupies et les admirateurs. "Milââân" par-ci, "Milââân" par-là... À partir de 1984, il faut refuser du monde. Et c'est toujours la même histoire qui revient, celle de la discrétion qui devient curiosité de tous, de l'ombre qui attire la lumière malgré elle. "Quand les photographes ont commencé à l'embêter, quand les inconnus se sont mis à l'arrêter dans la rue, pour la première fois depuis notre arrivée en France il est entré dans un état d'oppression chronique", assure Věra Kundera dans *Host*.

En ce milieu des années 1980, un interdit pèse sur le bon vieux roman. En fac de lettres ou dans les khâgnes françaises, on étudie Sarraute et Robbe-Grillet, on décrypte les textes *via* la critique structuraliste. Le grand mot de l'époque, c'est la déconstruction. Todorov et Gérard Genette sont les maîtres. On s'amusait beaucoup, je m'en souviens, mais parfois on oubliait un peu les plaisirs du récit.

Kundera, lui, incarne une autre avant-garde. Les livres autobiographiques — on ne dit pas encore "autofictions" —, qui puisent dans l'intimité des vies, très peu pour lui : "Imposer son moi aux autres, c'est la version la plus grotesque de la volonté de puissance", écrit-il. Il préfère explorer de nouveaux territoires : dans ses romans, il mêle méditations et récit.

La lassitude de l'époque n'est pas uniquement littéraire. "Au séminaire de Kundera se retrouvaient les orphelins d'idéologies et de maîtres à penser",

Ariane Chemin

poursuit Salmon. La crise du marxisme, au début des années 1980, "sonne la fin des grands récits d'émancipation politique et ouvrait une parenthèse historique", me décrypte l'auteur de *Storytelling*, un best-seller qui décortique le récit médiatique des années 2000 et doit beaucoup à ces années de séminaires. Entre la chute du mur de Berlin, en 1989, et les attentats du 11 Septembre, en 2001, Kundera remplit un vide. Jean-Pierre Salgas, spécialiste de l'écrivain polonais Witold Gombrowicz, l'avait glissé à Salmon à la sortie d'une séance : "Kundera pourrait être le nouveau Sartre. Un Sartre anti-idéologique…"

LA NATUR- ALISAT

VII

ION

Kundera est "tendance", et Jack Lang ne s'y trompe pas. "Dès l'élection de François Mitterrand, en mai 1981, nous cherchions à multiplier les gestes symboliques et politiques", témoigne l'ancien ministre de la Culture dans son bureau panoramique de l'Institut du monde arabe, d'où il fait admirer son Paris.
Depuis deux ans, Kundera est un apatride. En 1979, les communistes au pouvoir à Prague ont en effet fini par trouver les prétextes pour lui retirer sa nationalité : un long extrait du *Livre du rire et de l'oubli* paru dans *Le Nouvel Observateur*, puis un entretien au *Monde*, où il déplorait "le massacre de la culture tchèque" après l'écrasement du Printemps de Prague. "J'ai compris que nous ne reviendrions plus en Tchécoslovaquie, me raconte Věra Kundera au téléphone. Je suis donc rentrée au pays pour organiser la vie de mon père et de la mère de Milan, qui vivait à Brno dans sa maison de la rue Purkyňova. J'ai aussi apporté à l'ambassade de France les notes de *L'Insoutenable Légèreté de l'être*, qu'ils nous ont fait passer par la valise diplomatique. Cela m'a valu sept heures d'interrogatoire de la police avant de revenir ici."

"On racontait à l'époque que la naturalisation de l'écrivain était bloquée par Giscard, se souvient Jack Lang. Alors, en juillet 1981, je décide de le faire français, exactement comme Cortázar, qui vivait ici depuis trente ans." La cérémonie a lieu dans les salons Jérôme de la rue de Valois. Le ministre de la Culture, veste rose layette, dit sa "grande joie" et son "grand honneur". Kundera, sous-pull bleu ciel, répond qu'il est "très heureux" que sa "deuxième patrie", la France, devienne aujourd'hui la "première".

Kundera ne peut pas remercier François Mitterrand : le Président est absent. Il le fait à sa manière, dix ans plus tard, en glissant la figure du chef de l'État entre deux pages de *L'Immortalité*. Dans le roman, paru en 1990, François Mitterrand, tout juste élu, entre au Panthéon et jauge, tel un "arpenteur", cette antichambre de la postérité. "Mitterrand voulait ressembler aux morts, ce qui témoigne d'une (…) grande sagesse car, la mort et l'immortalité formant un couple d'amants inséparables, celui dont le visage se confond avec le visage des morts est immortel de son vivant", écrit Kundera. Le passage tombe sous les yeux du Président, qui poursuit alors son deuxième mandat dans la douleur : personne ne se doute qu'il est malade depuis une décennie.

En 1991, la réalisatrice Florence Malraux, fille de l'ancien ministre de la Culture, indique au téléphone à Věra Kundera que François Mitterrand souhaite rencontrer l'écrivain. Un déjeuner est organisé chez la romancière Françoise Sagan. Il entre dans la pièce avec *L'Immortalité*, ouvert entre ses mains, pose le livre sur le piano et tend un stylo à l'écrivain : "Je vois que vous avez écrit ici quelques mots sur moi, pouvez-vous me laisser une dédicace ?", rapporte la revue *Host*. Věra Kundera voit son mari pâlir. "J'ai couru vers lui et je lui ai glissé : 'Deux r et deux t.'"

LES ÉCRIVAINS JEAN-PIERRE FAYE
ET MILAN KUNDERA, REÇUS PAR
LE PRÉSIDENT FRANÇOIS MITTERRAND
À L'ÉLYSÉE EN JUILLET 1981.

Kundera 84-85   16.11.84

Projets pour l'année
— 3 Invités :
  Philosophe slovène (Ljubljana Trieste)
  Professeur Hongrois (au sujet de Tibor Déry)
  Christian Salmon sur Broch et Joyce / Petr Král
— Milan Kundera sur le roman du XXe siècle : Les Possédés
— Stifter / Němcová.

23.11.84

Broch et Joyce.
21 juin 31 lecture d'Ulysse.
juin 81 N'accepte pas le rapprochement Virgile - Ulysse
Ulysse Points isolés sans liens entre eux (à 1943)
Que s'est-il passé entre les 2 dates ?
Confrontation Broch / Joyce. → Contradictions esthétique
de Broch.
① 1928 - 1931 Rédaction des Somnambules et lecture d'Ulysse
② 1932 Conférence James Joyce et le Temps présent (pub. 1934
③ 1934-1935 Manuscrit de la Mort de Virgile
④ La découverte d'Ulysse
6.4.30 Arrêté dans mon travail. Digérer le phénomène Joyce,
Mon "Suprema" littéraire

NOTES DE COURS DE L'ANNÉE 1984.

À la recherche de Milan Kundera

"Nous sommes devenus amis, poursuit Věra Kundera. Une vraie amitié. La dernière fois que nous l'avons vu, c'était lors d'un déjeuner à l'Élysée. Mitterrand était déjà très malade. Nous étions une dizaine à table et Milan avait été placé à sa droite." Au menu, des huîtres, que Kundera déteste. "Milan, vous les mangerez aussi pour moi. Je n'y ai plus droit mais au moins vais-je vous observer vous régaler, j'aurai comme cela un peu l'impression de me régaler moi-même", ordonne Mitterrand. Kundera gobe en silence cinq ou six des "spéciales" posées dans son assiette.

Jack Lang ne connaît pas l'anecdote. Ce qu'il ignore aussi, c'est que le processus de naturalisation de Kundera a été lancé avant l'élection de mai 1981, lors d'un déjeuner entre l'historien François Furet, le président de l'EHESS, et le Premier ministre Raymond Barre. "Un jour du printemps 1979, me raconte l'historien Jacques Revel, François Furet reçoit un appel de l'économiste Jean-Claude Casanova." Revel est alors le plus proche collaborateur de Furet à l'EHESS. Casanova, lui, a créé un an plus tôt la revue *Commentaire* avec Raymond Aron et, au cabinet du Premier ministre, veille sur l'éducation et les universités. "Il nous propose de venir à Matignon avec Raymond Barre", raconte Revel.

Dès 1978, Kundera cherche à quitter Rennes, où il vit déjà depuis trois ans. "Avec des amis, on avait tenté de lui trouver un poste dans une université au Québec", dévoile le Canadien François Ricard, ex-professeur à l'université McGill, à Montréal. Mais les relations parisiennes de l'écrivain ont le bras plus long :

les portes de l'EHESS vont s'ouvrir à lui. "L'École a toujours accueilli des inclassables", rappelle Revel. Le déjeuner entre François Furet et Raymond Barre s'achève avec la promesse, par le chef du gouvernement, de débloquer une autorisation budgétaire pour créer une chaire "spéciale Kundera".

En privé, à cette époque, Milan Kundera appelle Furet son "bienfaiteur". Il ne lui obéit pas pour autant. Ancien communiste lui aussi, l'historien de la Révolution française veut contrer l'influence des "rouges" sur le sol français, et imagine jeter une tête de pont entre intellectuels de l'Est et de l'Ouest. Ce n'est pas exactement le plan de Kundera.

En Tchécoslovaquie, lorsqu'il était sous haute surveillance politique et policière, l'écrivain a appris à ruser. En France, il continue de jouer. Tout est résumé dans ce dialogue avec lui-même, extrait des *Testaments trahis* : "Vous êtes communiste, monsieur Kundera ? – Non, je suis romancier. – Vous êtes dissident ? – Non, je suis romancier. – Vous êtes de gauche ou de droite ? – Ni l'un ni l'autre. Je suis romancier." À Prague, il a refusé la dissidence. À Paris, il est un non-aligné.

Pendant que d'autres s'agitent pour lui en coulisses, lui régale ses élèves avec l'"héritage" du roman depuis Cervantes. "Il le racontait comme ces chamans qui reconstruisent les lignes de vie sur quatre siècles, se souvient Christian Salmon. Il résume en une séance l'histoire du rire de Rabelais à Gogol, en passant par l'ironie romantique, pour arriver à l'absurde beckettien. L'histoire du roman était une chambre d'écho. C'est à Rabelais que réagit Sterne, qui inspire Diderot,

MILAN KUNDERA, À SON DOMICILE
PARISIEN, EN AOÛT 1984.

Ariane Chemin

c'est la tradition de Flaubert qui se prolonge chez Joyce, c'est Kafka qui fait comprendre à García Márquez la possibilité d'écrire autrement…"

Il aime surprendre. "Un jour, raconte Proguidis, Kundera arrive à la séance avec un magnéto et des cassettes de Stravinsky et de Janáček." Norbert Czarny, professeur de français à l'époque, devenu critique littéraire pour le journal en ligne *En attendant Nadeau*, s'en souvient aussi : "Il nous avait fait écouter *Le Chant des oiseaux*, de Clément Janequin." Pour Kundera, l'écriture est polyphonie, comme en musique, cet art dont il a pensé faire son métier, à 20 ans : "Quelque chose m'en est vraiment resté quand je construis mes romans", explique-t-il cette fois devant des millions de téléspectateurs en 1984, sur le plateau de l'émission *Apostrophes*.

Le séminaire a semé des petites légendes, comme cette question un jour posée par Kundera : à 40 ans, atteint de tuberculose, Kafka exige dans ses dernières volontés que ses textes inédits soient brûlés après sa mort ; il confie cette mission à son meilleur ami, Max Brod, lequel ne l'écoute pas et sauve *in extremis Le Procès* et *Le Château*. "Mettez-vous à la place de Max Brod, lance Kundera à l'assistance. Que feriez-vous ?" Faut-il obéir, pour respecter la demande de l'écrivain, ou trahir, et penser à sa postérité ? À la fin du cours, il dévoile sa position : "J'aurais gardé les romans de Kafka, pas publié son *Journal*." Silencieusement, il a, lui, tiré sa propre morale de l'histoire : toujours maçonner et verrouiller soi-même son œuvre avant de quitter les vivants.

EN FRA

DANS

NÇAIS

VIII LE

TEXTE

MILAN ET VĚRA KUNDERA,
À PARIS, 1990.

C'est maintenant une autre guerre qui s'engage. Plus secrète, plus intime.
Tout commence lors d'une conversation avec Alain Finkielkraut. En 1979, le philosophe s'entretient avec Milan Kundera pour le quotidien italien *Il Corriere della Sera* et le magazine *L'Express*. "Pourquoi le style 'fleuri' et 'baroque' de *La Plaisanterie* est-il devenu si 'dépouillé' et 'limpide' dans vos livres suivants?" demande Finkielkraut. L'écrivain tchécoslovaque ne comprend pas bien la question. Il se replonge dans ce roman publié à Paris en 1968, qui a marqué le début de sa gloire.

Légèrement arrangée ou pas, la suite de l'histoire est racontée par Kundera dans une note ajoutée à la "version définitive" de *La Plaisanterie*. "Je fus stupéfait", explique le romancier. Il jure avoir découvert alors que le roman n'avait pas été "traduit", mais "réécrit". Pour preuve, il dresse un inventaire des plus atroces "métaphores embellissantes" qui lui ont été infligées : "le ciel était bleu", en tchèque, est devenu en français "sous un ciel de pervenche, octobre hissait son pavois fastueux" ; "Elle commença à battre l'air furieusement autour d'elle" est traduit par "Ses poings se déchaînèrent en moulin à vent frénétique"...

L'auteur de l'outrage s'appelle Marcel Aymonin. Personne ne connaît plus ce nom – et pour cause. La guerre froide a aussi infiltré le monde de la traduction : autour du personnage flotte un parfum de scandale. Adhérent du PCF en 1948, Aymonin était

Ariane Chemin

attaché culturel du "service diplomatique français" en Tchécoslovaquie. Mais le 27 avril 1951, quinze ans avant sa collaboration avec Kundera, il tient une conférence de presse à Prague pour dénoncer "la France, valet de l'impérialisme américain". Il va même jusqu'à demander le droit d'asile au pouvoir communiste.
Qui était vraiment le premier traducteur de Kundera? Un militant aveugle ou acharné? Un agent de Prague? "Je me suis souvent posé la question, soupire François Kérel, 95 ans, le plus fidèle traducteur de Kundera. S'il était un espion, c'était un espion de très bas vol."

La postérité kundérienne a gommé Aymonin et bien d'autres. D'autres personnages, plus célèbres, ont été effacés de son épopée. Aragon et sa préface de *La Plaisanterie*, par exemple, ont été biffés de la "Pléiade", comme certains étaient éliminés d'une photographie officielle au temps de la propagande. "Pour Kundera, le texte d'Aragon politisait trop le livre", explique François Ricard, exégète autorisé de la geste de l'écrivain depuis 1978. "Il a cherché à évacuer son passé communiste, comme le font d'ailleurs certains personnages de ses romans", confirme Martin Rizek, auteur de *Comment devient-on Kundera?* L'écrivain est un grand tacticien.

Pour son entrée dans la "Bibliothèque de la Pléiade", en 2011, il a posé ses conditions. N'y figurent que ses onze romans, une pièce de théâtre et quatre essais : les seuls qu'il "valide". Aucun poème, une seule de ses trois pièces de théâtre; son retentissant article "Un Occident kidnappé" est absent.

Quelques personnes sont même littéralement évincées, c'est le cas de Karel Gott. On le surnommait "la

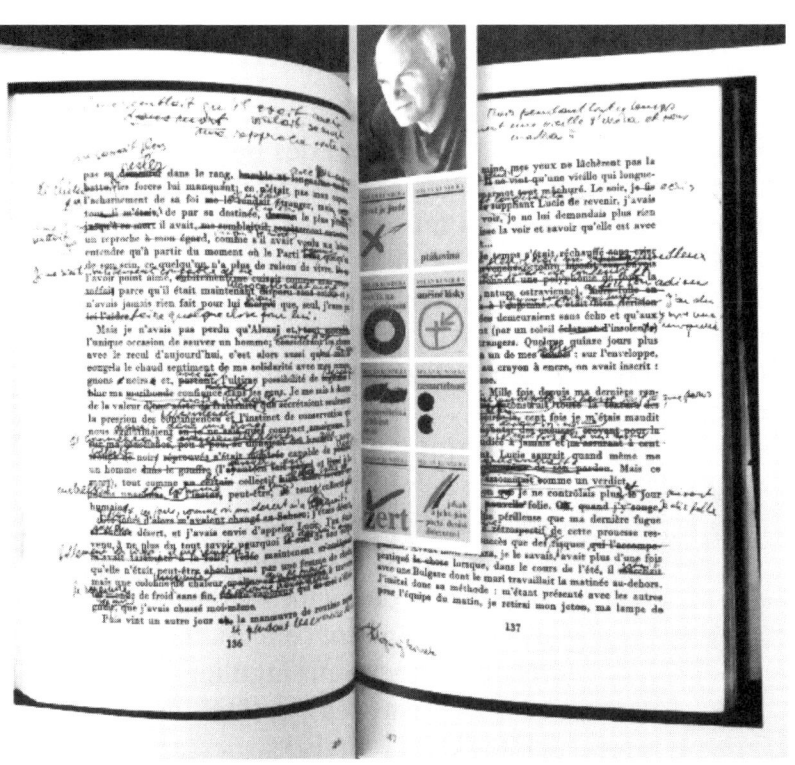

FAC-SIMILÉ DE LA PREMIÈRE ÉDITION
DE LA TRADUCTION FRANÇAISE DE
LA PLAISANTERIE AVEC LES CORRECTIONS
DE MILAN KUNDERA.

Ariane Chemin

voix d'or de Prague, ou le Sinatra des Balkans", il avait repris en tchèque tous les grands tubes occidentaux. Kundera s'en moquait dans *Le Livre du rire et de l'oubli* et le surnommait "l'idiot de la musique". Cette gloire locale était-elle trop provinciale ou bien le crooner est-il devenu trop populaire pour qu'on se moque désormais de lui ? "La Pléiade" en tout cas n'a pas gardé trace du pauvre Karel Gott.

L'unique biographie autorisée est celle... de ses livres. Pas d'appareil critique ni de variantes, pas de chronologie non plus. Sur le dos et en page de couverture des deux volumes vert et or de la prestigieuse collection, le titre du recueil s'affiche au singulier : "Œuvre", et non "Œuvres" ou "Œuvres complètes". Du jamais-vu.

En France, la parution du volume est saluée en grande pompe. À l'université de Lausanne, en Suisse, où se développe depuis quelques années − loin du milieu parisien − une passionnante sociologie critique des champs littéraires, on s'étonne. "Tout a été contrôlé directement par l'auteur, contrairement à la tradition de la 'Pléiade', déplore le professeur de littérature Jérôme Meizoz. C'est une mauvaise idée de laisser ainsi un auteur aux manettes de sa propre édition ; en général, il faut tout refaire quarante ans plus tard, ce fut le cas pour Saint-John Perse."

"Je ne suis pas l'éditeur de cet ouvrage. C'est Kundera lui-même ! confirme François Ricard, le grand ordonnateur des Pléiades chez Gallimard. J'ai travaillé en secrétaire. Même si cette vision de l'écrivain coupé de

À la recherche de Milan Kundera

la vie et de l'histoire n'est pas très à la mode, il défend radicalement son droit d'auteur contre les universitaires, les kafkologues d'aujourd'hui, qui n'attendent même pas que l'auteur ait disparu pour s'emparer de son travail."
Kundera ne sera pas Kafka. Il veut tout contrôler de son vivant – notamment les traductions.

C'est au milieu des années 1980, après le succès de *L'Insoutenable Légèreté de l'être*, que l'écrivain se lance dans sa "grande campagne de réécriture", selon l'expression de Ricard. Il veut revoir, presque mot à mot, les traductions des textes tchèques. Kundera tique par exemple sur ce passage de *Risibles Amours*, traduit par François Kérel : "Son corps mit fin à sa résistance passive. Édouard était ému !" "Ému" ? Ridicule, se révolte le romancier. "Excité" ? Bof. Il faut écrire : "Édouard banda". Une querelle s'improvise. "Franchement, pour moi, 'Banda' ça n'allait pas, témoigne Kérel. Chez Kundera, il n'y a jamais rien de vulgaire, son vocabulaire est classique. Je n'étais pas d'accord et ne le suis toujours pas, mais j'ai cédé..."

Stylo à la main, l'écrivain met seul au point les "versions définitives" de ses livres : une sorte d'appellation contrôlée, qui stipule que "seul le texte revu par l'auteur a la même valeur que le texte tchèque". Un brin blessant pour le traducteur : "Je l'avais un peu mal pris", convient Kérel. En 1990, il décline d'ailleurs la traduction de *L'Immortalité*, au prétexte qu'il a trop de travail à l'ONU, où cet ex-communiste est salarié. Une certaine Eva Bloch s'attelle à la tâche à sa place. Eva Bloch ? Inconnue au bataillon des traducteurs. Les

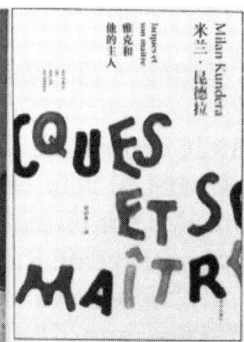

ÉDITIONS ÉTRANGÈRES DE *JACQUES ET SON MAÎTRE*, DE MILAN KUNDERA.

À la recherche de Milan Kundera

spécialistes de Kundera se cassent la tête, en vain. "Je suis quasi convaincu qu'il s'agit de Milan lui-même. Il adore la mystification", dit Finkielkraut. "Il m'a juré que c'était une amie, mais qui ? s'interroge Ricard. Tout ça est très kundérien…"
C'est comme s'il traduisait du français en français : dans les années 1990, Kundera passe presque davantage de temps à ses traductions qu'à écrire. Ratures, gribouillis, pas une page ne reste vierge : un vrai vertige maniaque. Quand tout à coup, en 1995, paraît *La Lenteur*, premier d'un cycle de brefs romans d'une extrême sobriété. Il est écrit *en français dans le texte* : un petit événement. En 1980, lorsque le futur président de l'académie Goncourt, François Nourissier, envisageait devant lui cette mini-révolution, l'écrivain tchèque s'en disait incapable : "Je ne peux pas envisager de travailler dans une autre langue. Je suis trop vieux. Un essai, oui, mais pas un roman". "Six ans plus tard, il m'expliquait encore qu'il ne pourrait jamais maîtriser la richesse de vocabulaire de la langue française", me confie Christian Salmon, son ancien assistant et ami.

Écrire en français a une vertu : "Au moins, comme ça, il n'avait plus à s'embêter avec les traducteurs", sourit son complice Lakis Proguidis. Kundera est surtout réaliste. La langue tchèque est peu parlée ; le français lui ouvre la voie royale de la mondialisation littéraire. Gabriel García Márquez, Philip Roth, Salman Rushdie, Carlos Fuentes, Octavio Paz, tous ses camarades écrivent en espagnol ou en anglais. Premier romancier venu d'une "petite nation", lui, doit défendre son œuvre sur la scène planétaire.

Ariane Chemin

"Tu sais, Christian, 50 % du talent d'un écrivain, c'est sa stratégie", a glissé un jour Kundera à Salmon, qui travaillait à ses côtés sur *L'Art du roman*. En cette fin de siècle, à Paris, les barons de la république des lettres ont déjà cédé la place aux agents littéraires internationaux. Andrew Wylie, le conseil de Martin Amis, Philip Roth et Salman Rushdie, devient celui de Kundera. Le succès inattendu de *La Plaisanterie*, porté par l'écrasement du Printemps de Prague et l'occupation soviétique, en 1968, a marqué l'écrivain. La "réception" d'une œuvre, comme disent les sociologues, il en a appris l'importance. Ce n'est pas une simple rencontre avec son public. C'est plutôt un combat, et pas seulement sur le sol national.

Quand il écrivait en tchèque, les critiques parisiens l'avaient toujours épargné. Kundera semblait intouchable. Sa nouvelle série d'essais en français change la donne. Avec la fin des années 1990 viennent les premières piques : "Ratage de Milan… Style aride comme une grille de mots croisés", écrit par exemple *Libération* à la sortie de *L'Identité*. C'est aussi l'époque où il rompt avec Philippe Sollers, ce cardinal de l'avant-garde qui, dans les années 1980, l'avait adoubé à Paris.

Motif officiel de la fâcherie ? Une bouteille de sauternes. L'éditeur bordelais l'a soigneusement choisie et l'apporte chez les Kundera, dans leur nouvel appartement du VIIe arrondissement où il est convié à déjeuner. Comme chaque fois qu'on lui propose une nouvelle nourriture ou boisson, Věra promène son pendule au-dessus de la bouteille. Depuis un épisode d'allergie au visage, elle ne se sépare plus de l'instrument et soumet chaque plat à son implacable jugement, aussi bien au

À PARIS, LE 20 NOVEMBRE 2010.
L'ÉCRIVAIN MILAN KUNDERA LORS DE
LA FÊTE DONNÉE À L'OCCASION
DU 20ᵉ ANNIVERSAIRE DE LA REVUE
LA RÈGLE DU JEU.

Ariane Chemin

Récamier, son restaurant favori, que lorsque le couple est invité chez des amis. "Je me souviens qu'un jour Milan m'avait dit : 'Tous les imbéciles croient en Dieu que je ne vois pas, moi je crois au pendule que je vois'", me raconte le metteur en scène Nicolas Briançon. Le pendule est l'arme secrète de Věra. Un instrument bien pratique, dont elle use avec malice : parfois, on voit son doigt pousser discrètement la chaîne. Il lui sert à éloigner ceux qu'elle n'aime plus ou dont elle se méfie. Il peut aller jusqu'à ausculter l'inconnu sur son canapé, lors de la visite d'un éditeur venu accompagné. Ce jour-là, devant Sollers, le pendule s'affole au-dessus de la bouteille de sauternes, un château-suduiraut. Sauf qu'on ne plaisante ni avec l'écrivain bordelais ni avec les grands crus. Sollers saisit tranquillement la bouteille et la vide dans l'évier de la cuisine. Fin de partie et prétexte pittoresque à une brouille qui grondait déjà.

Peu après l'épisode du château-suduiraut, Sollers regrette dans un article le passage au français de Kundera : ses textes, juge-t-il, "gagnaient à la traduction". Dans son journal, *L'Année du tigre*, au mois de juin de l'année 1998, il trouve "plutôt plate" *L'Identité*, qui vient de sortir. Il y a aussi cette phrase, lâchée dans *Un vrai roman* : "Kundera s'est mis à écrire en français. Silence." Dans *Les Testaments trahis*, Kundera lui rendait pourtant moult hommages, confessant son "sentiment de parenté esthétique secrète" avec cet amoureux du XVIIIe siècle, "lancé" comme lui par Aragon, un de leurs sujets d'admiration partagés.

Est-ce pour se venger ? Ou — plus cruel peut-être — parce que son nom n'évoquerait rien à ses lecteurs mondialisés ? Quoi qu'il en soit, Kundera cède à l'une de ces mesquineries d'écrivain qui sont la nourriture

À la recherche de Milan Kundera

des exégètes minutieux et des dîners en ville : les passages consacrés à Sollers disparaissent purement et simplement de la "Pléiade". Gommés, eux aussi.

Les nouveaux essais de Kundera sont désormais lancés depuis l'étranger : *L'Ignorance* paraît en Espagne en 2000, trois ans avant la sortie parisienne, *La Fête de l'insignifiance* en 2013 en Italie, un an avant la France. "C'était à la fois une affaire de marketing et un pied de nez à l'establishment parisien, confie le Canadien François Ricard. Et une stratégie élaborée avec l'accord d'Antoine Gallimard. *La Lenteur* avait été mal reçue ; ils se sont dit que la critique serait meilleure ailleurs. Et ça a marché !" L'œuvre de Kundera s'était échappée de Tchécoslovaquie, la voilà qui déserte Paris.

L'AFFA
DVOŘÁ

IX

C'est au mois d'octobre, au monastère de Strahov, sur l'une des collines de Prague. Dans ce bijou de l'art baroque se tient une exposition autour des traductions des œuvres de Milan Kundera. Pour s'y rendre, il faut emprunter le sentier escarpé qui longe l'hôpital des sœurs de la Miséricordieuses de Saint-Karla, et fouler un tapis de feuilles dorées. L'après-midi s'en échappent des infirmières aux formes généreuses et au grand tablier blanc, comme on les imagine dans la station de cure de *La Valse aux adieux*.

La veille, un jeune historien m'a fixé rendez-vous à une station de tram : "J'aurai une écharpe rouge. Prenez une clé USB. Nous irons discuter un peu plus loin." Mystérieuses précautions, qui m'ont donné l'illusion d'être transportée cinquante ans en arrière, dans un roman écrit par mon sujet d'étude. Comme si la ville et ses habitants m'invitaient à un voyage dans le temps pour me permettre de comprendre Kundera.

Il n'y a pas de circuit touristique consacré à l'écrivain à Prague, seulement des fantômes échappés de ses livres. L'exposition au monastère de Strahov n'attire pas la foule ; j'ai dû déranger le gardien pour qu'un fonctionnaire vienne m'ouvrir la porte de la salle réservée à l'écrivain. Les cartouches qui commentent en français les couvertures de ses livres sont truffés de fautes d'orthographe : s'il les voyait, me dis-je, Kundera deviendrait fou. L'intrépide commissaire rêvait pourtant de "souligner l'importance de Milan Kundera dans la grande littérature mondiale". J'erre seule au milieu des panneaux et des reproductions de ses couvertures en collection de poche : des tas de Picasso de la période cubiste, comme pour mieux dire sa manière de jouer avec les formes et les langages du roman.

Aucune trace non plus des Kundera rue Bartolomějská, où était le siège de la police secrète, mais aussi l'artère où l'écrivain et sa femme Věra demeuraient autrefois. Au 304, une boutique de créateur vante fièrement – en anglais – sa ligne de vêtements *"original fashion"*, 100 % tchèques. Même la faculté de cinéma où le romancier aux quarante-neuf traductions donnait des cours dans les années 1960 n'a pas pensé à honorer l'écrivain. Son pays natal le boude, la jeunesse ne l'a pas lu.

Chez les plus âgés, ce n'est pas seulement une histoire d'ignorance ou d'indifférence. Une blague circule en République tchèque à ce sujet : "Havel a fait de la prison et est devenu président. Kundera est parti en France, il est devenu écrivain." La plaisanterie n'est pas gratuite. Elle dit tout d'une rancœur qui ne s'assouvit pas et d'un désamour qui perdure, même si les traductions en tchèque des derniers livres de Kundera se vendent bien.

"Pouvez-vous m'expliquer pourquoi Kundera, l'écrivain en exil, pose à ces intellectuels tchèques un problème qui confine à l'obsession ?" Il y a trente ans déjà, Philip Roth interrogeait Ivan Klíma, écrivain ignoré des Français mais très connu des Tchèques et qu'avant l'exil de Kundera, en 1975, on comparait souvent à l'auteur de *La Valse aux adieux*. "C'est à cause de son statut d'enfant chéri du régime communiste jusqu'en 1968, avait répondu Klíma. Il a donné le sentiment que Kundera s'était 'désolidarisé' de ceux qui à Prague

À la recherche de Milan Kundera

combattaient le 'totalitarisme' et la censure imposés par l'occupant soviétique en 1968" (Philip Roth, *Pourquoi écrire?*). Ivan Klíma a aujourd'hui 90 ans et vit toujours à Prague. Dans le salon de son épouse psychothérapeute où il me reçoit, je comprends que les liens avec Kundera sont bel et bien brisés. Il y a ceux qui sont partis et ceux qui sont restés. Ceux qui s'en sont allés, ceux qui n'ont pas oublié...

À l'automne 2008, Milan Kundera poursuit à Paris sa route d'écrivain universel, quand son passé tchèque lui revient en boomerang. En enquêtant sur l'affaire Dvořáček, du nom d'un jeune opposant au régime communiste chassé puis revenu dans son pays, un journaliste et historien du magazine *Respekt* a exhumé dans les archives de la Sécurité d'État un document inédit. Le 14 mars 1950, alors qu'il avait 20 ans, l'écrivain en devenir aurait dénoncé Dvořáček à la police, provoquant l'arrestation et la condamnation du jeune homme à vingt-deux ans de prison. Plus d'un demi-siècle plus tard, la presse du monde entier s'empare de l'affaire et fait de Kundera une "balance".

Pas de doute : le document est authentique, et le nom de Kundera y figure bien. Mais à quel titre ? Pourquoi ? Je suis perdue. "Le travail élémentaire de l'historien n'a pas été fait, estime devant moi le spécialiste de l'Europe centrale Jacques Rupnik, qui s'est penché sur cette affaire. Il n'y a qu'une seule phrase qui désigne Kundera dans ce rapport de police. Elle signale une valise suspecte et ne mentionne nullement le dénommé Dvořáček. Si les mots ont un sens, on ne peut pas appeler ça une dénonciation." La StB, en outre, n'est pas infaillible. Dans ses rapports, gros comme des annuaires, les erreurs sont nombreuses et les noms cités arbitrairement, quel que soit le rôle réel joué par chacun. "Ce texte dégoûtant nous a détruit la santé, ressasse Věra. Une lettre de dénonciation doit être signée par le délateur, ce qui n'est pas le cas."

L'accusation est si violente que Milan Kundera brise le silence médiatique scrupuleusement respecté depuis trente-sept ans. Jamais il n'a revu l'émission d'*Apostrophes*, jamais il n'avait ouvert un journal pour lire un article le concernant, jamais il n'avait accepté d'interview ni ne s'était retourné en arrière. À 90 ans, il décide pourtant de répondre : "Je suis totalement pris au dépourvu par cette chose à laquelle je ne m'attendais pas du tout, de laquelle je ne savais rien hier encore et qui n'a pas eu lieu."

Douze ans plus tard, en juin 2020, Jan Novák publie à Prague une enquête de 990 pages sur le passé de l'écrivain, *Une vie tchèque en son temps*. Il l'accuse d'avoir "mystifié" son existence. L'auteur mêle la vie de Kundera à ses romans, et s'attarde évidemment sur le personnage de *La Valse aux adieux* qui lui ressemble tant. "Jaromil dénonce un 'ennemi de classe' dans une scène qui me paraît tellement vraie que selon moi l'écrivain Kundera a pris le pas sur le citoyen et n'a pu s'empêcher de décrire la [délation] dont il a personnellement été l'acteur."

D'un coup, le pacte littéraire de Kundera, qu'il n'a jamais voulu autobiographique, se trouve balayé. L'écrivain n'a jamais voulu faire entrer sa propre vie dans son œuvre. Il n'habite que des personnages inventés, ses "fameux ego expérimentaux". Dans une de ses rares interviews à la radio française, en 1968, il mettait

*L'INSOUTENABLE LÉGÈRETÉ DE L'ÊTRE,
SHANGHAI, AOÛT 2003.*

en garde tous ceux qui chercheraient à lire dans ses écrits la trace de son passé : "Je n'aime pas les romans qui sont des documents historiques. Je déteste cette littérature." Durant son séminaire à l'EHESS, dans les années 1980, il confiait aussi que pour lui Soljenitsyne ne faisait pas de littérature, mais de la politique.

L'affaire tchèque n'est pas simple mais, à Paris, ses amis intellectuels, Bernard-Henri Lévy, Finkielkraut, montent tous au front. "Dans l'empire du bruit, le silence est une offense, écrit Yasmina Reza dans *Le Monde*. Qui ne consent au dévoilement, à quelque sorte de contribution publique en dehors de l'œuvre est une figure gênante et une cible de choix." De la tourmente les Kundera sortent en miettes. "Cette fois, nous nous sommes aperçus que tout retour était impossible, expliquait en 2019 Věra dans le magazine culturel *Host*. Et, en même temps, est née l'idée de revenir chez soi. Là où l'on peut se cacher…"

LA VAL

x ADI

SE AUX
EUX

Longtemps, Milan Kundera a promené sa longue silhouette entre les statues de duchesses, de muses et de poètes du jardin du Luxembourg, celles de *La Fête de l'insignifiance*. Avec l'âge, c'est dans l'impasse du VIIᵉ arrondissement que tourne dorénavant sa vie. Les escapades sont rares. Les stores de l'appartement restent tirés sans rien laisser filtrer de son huis clos quotidien. Les fenêtres, fermées, couvrent les cris d'enfants échappés du square. Le couple n'en a pas. Même l'appartement du Touquet, cette ville devenue tout à coup si "moche", n'arrive plus à distraire Věra Kundera de ce qu'elle nomme désormais sa "prison".

En 2007, l'auteur de *L'Insoutenable Légèreté de l'être* a reçu le prix national de littérature tchèque. Il ne s'est pas rendu à Prague et a transmis des remerciements enregistrés. Quand trois ans plus tard la ville de Brno a fait de Milan son "citoyen d'honneur", le maire s'est déplacé en personne jusqu'à l'appartement parisien du couple pour lui remettre le certificat. Un jour, leur bibliothèque fera le trajet inverse, en République Tchèque. En attendant, on vient à eux.

Le cercle des fidèles fait de même : l'éditeur Antoine Gallimard, les anciens assistants de l'École des hautes études en sciences sociales Christian Salmon et Lakis Proguidis, les écrivains Yasmina Reza et Benoît Duteurtre. Il arrive aussi que le romancier François Taillandier passe dire bonjour : "Son long développement sur le sens de la nostalgie selon les langues, sa manière de lier le sort de ses personnages à des

EXPOSITION ORGANISÉE EN 2019
AU MONASTÈRE DE STRAHOV À PRAGUE.

À la recherche de Milan Kundera

enjeux philosophiques, tout ça m'a beaucoup marqué", confie-t-il.

"Kundera n'a pas de disciples, mais des admirateurs, c'est encore mieux", note l'académicien Dominique Fernandez. Le directeur général de la Maison de l'Amérique latine, François Vitrani, passe lui aussi prendre le thé, en souvenir du temps où, fraîchement installés à Paris, Milan et Věra Kundera ne savaient plus où donner de la tête. À l'époque, dans les années 1980, l'ambassadeur du Mexique n'était autre que leur ami l'écrivain Carlos Fuentes, qui les invitait régulièrement à des fêtes ; parmi les convives, Julio Cortázar, Gabriel García Márquez… "et Buñuel, ajoute Věra. On se voyait souvent. On a même plusieurs fois dormi à l'ambassade". Folles et insouciantes années.

Lorsque je me suis rendue en République tchèque, la rumeur m'a assuré que l'exilé et sa femme y séjournaient souvent en douce, grimés, lunettes noires sur le nez. "Des conneries !" proteste Věra Kundera. Ce jour-là, elle est de mauvaise humeur et signe ses réponses à mes textos "Agent 007". Le couple n'est retourné "qu'à cinq ou six reprises" chez lui après la "révolution de velours" et l'élection de Václav Havel, m'assure-t-elle, et jamais au XXIᵉ siècle.

La première fois, c'était en 1990 : le couple avait quitté la tombe du père de Věra, au cimetière d'Olšany, et traversé Prague jusqu'à l'hôtel Hoffmeister. Le dépaysement leur avait fait tourner la tête. "Il y avait des panneaux bilingues tchèques-anglais pour les touristes partout dans le centre, raconte Věra. Même pendant l'occupation russe, les inscriptions en cyrillique étaient bannies. Je reconnaissais les endroits que j'avais aimés, mais quelque chose avait changé. Je me demandais si j'étais chez moi."

Ce dépaysement, ils l'avaient déjà vécu en arrivant en France, à la fin des années 1970. Avec les Tchèques de Paris, les choses n'avaient pas été simples. "Nous avons bien sûr fréquenté quelques amis émigrés, comme Tonda Liehm, Peter King ou Miloš Forman, raconte Věra à *Host*, mais c'est à peu près tout. Les autres ne voulaient pas de nous et nous ne voulions pas d'eux. J'ai participé dans les années 1980 à une manifestation contre le président tchèque Gustáv Husák, mais devant l'ambassade le premier concitoyen que j'ai croisé m'a lancé, l'air ironique : 'M. Kundera a-t-il eu un rhume pour être absent aujourd'hui ?' Je suis repartie chez moi et me suis dit : 'Plus jamais.'"

Ils ne sont plus vraiment tchèques, pas vraiment français. Il leur reste l'Europe mais son étoile pâlit. Kundera a été son chantre, il s'affaiblit en même temps qu'elle. Il avait eu le premier la prescience de son déclin. En 1986, dans *L'Art du roman*, il donnait déjà sa définition de l'"européen" : "celui qui a la nostalgie de l'Europe." Elle a fini d'enchanter le couple.

Leur dernier engouement date de 2015 – un été de crise financière, un été grec. L'ami Christian Salmon rentrait d'Athènes. Il y avait rencontré dans son bureau le directeur d'une radio pro-Syriza. "À Athènes, se désolait ce dernier, nous avons des statues de philosophes de l'époque des Lumières, car c'est à eux que nous devons l'idée d'un État grec indépendant, et aujourd'hui l'Europe est devenue notre ennemie." De retour à Paris, Salmon était passé voir Milan Kundera pour lui dire à quel point le désespoir de ce Grec lui avait rappelé

À la recherche de Milan Kundera

celui du directeur de l'agence de presse hongroise dont l'écrivain parlait dans son fameux article publié en 1983 dans *Le Débat*. À l'automne 1986, quelques minutes avant que son bureau de Budapest fût écrasé par l'artillerie soviétique, ce dernier avait adressé au monde entier un télex désespéré dans lequel on pouvait lire: "Nous mourrons pour la Hongrie et pour l'Europe." Séduits par Varoufákis, le couple avait été bouleversé par ce parallèle historique.

"On sort de l'enfance sans savoir ce qu'est la jeunesse, on se marie sans savoir ce que c'est que d'être marié, quand on entre dans la vieillesse, on ne sait pas où on va. En ce sens, la terre de l'homme est la planète de l'inexpérience", a écrit Kundera. L'Europe se dissout sous leurs yeux en illusion, et eux ne se sentent bien nulle part. "La France est devenue la patrie de mes livres, j'ai suivi le chemin de mes livres", disait Milan en 1981, en recevant la nationalité française. Dans le *New York Times*, il se demandait même "si le concept de chez-soi [n'était] pas finalement un mythe". Depuis, les replis nationalistes ont traversé les continent. Le couple n'est pas insensible aux accents du nouveau président tchèque et, Věra n'aime pas qu'on critique trop Vladimir Poutine et la Russie. "Rien n'est noir ou blanc, comme vous le pensez. Tout est gris."

"Kundera, comme Stravinsky, n'a jamais supporté la notion négative de l'exil, veut croire

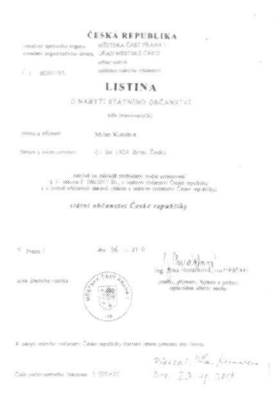

Certificat de nationalité tchèque de Milan Kundera.

Finkielkraut. Pour lui, l'exil était une chance, ce qui a accru sa distance avec les siens. Aujourd'hui, l'âge venant, la nostalgie du pays natal les a envahis, Věra et lui. C'est récent et c'est intéressant. C'est la raison pour laquelle ils ont accepté de recouvrer leur nationalité tchèque."

Le 28 novembre 2019, leur appartement accueille une drôle de cérémonie. L'écrivain "récupère" cette nationalité tchèque dont il avait été déchu par le régime communiste. Milan Kundera – qui, contrairement à Věra, s'en était vu privé en 1979 – possède désormais la double nationalité. L'événement a lieu une nouvelle fois sans témoins. "C'était tout simple. Il a pris le papier et il m'a dit merci, me raconte le diplomate tchèque Petr Drulák, alors ambassadeur à Paris. Puis nous avons déjeuné."

Il y a quelques années, les Kundera avaient songé à finir leurs jours en Bohême. Mais les méchants articles, comme le tout dernier livre, les en ont dissuadés. Ils sont restés à Paris, cette ville devenue celle de leur vieillesse et qui, c'est un euphémisme, n'enchante plus guère Věra : trop de bruit, trop de travaux, de grèves, de manifs et de Gilets jaunes... Mais quel autre choix que Paris ? "C'est terrible pour moi de réaliser que je vais mourir ici, a avoué Věra à *Host*. J'aurais voulu partir comme Goethe, qui a regardé l'arbre dans son jardin puis a fermé les yeux. Un émigré de la première génération est quelqu'un qui plane dans les airs, un être en suspension. Il a perdu sa vraie maison et ne sera jamais chez lui dans un nouveau pays."

Leurs amis cherchent à comprendre. "Il a écrit un livre entier sur l'impossible retour, *L'Ignorance*,

À la recherche de Milan Kundera

et en plus en français", soupire Jacques Rupnik, désemparé. "Arriver d'un pays avec une petite langue dans un grand pays avec une grande langue, il faut avoir les nerfs", explique Philippe Sollers au bar de la Closerie des Lilas. Pour expliquer leur désarroi tragique, Pierre Nora, lui, rembobine le film de leur vie : "Un écrivain qui, pour être entendu, ne peut plus publier dans sa langue, c'est peut-être la pire des choses. Il n'était plus en Tchécoslovaquie sans arriver à être en France, il savait qu'il était répudié par les Tchèques, les Nobel l'ont oublié, puis la France s'est détournée de lui après l'avoir encensé…"

J'ai moi aussi tenté d'explorer ce destin tragique. L'occasion, m'étais-je dit sans grand espoir, de rencontrer enfin Milan Kundera. J'ai guetté son ombre à Brno, à Prague, au pied de la tour des Horizons à Rennes, au bout de la rue Littré à Paris. À force de tourner autour de lui, il est devenu une statue que, même en rêve, je n'espère plus approcher.

"Que vous êtes prise par nos vies !" textote Věra, fin 2019, alors que je retrace son aventure pour mon journal. Un vendredi, elle finit par téléphoner. Comme à chaque fois, elle promet que demain ou après-demain, nous partagerons un verre ensemble – deux petits émoticônes qui trinquent gaiement sur ses SMS. Tandis que nous parlons, Milan attrape le téléphone. Pour la première fois, j'entends sa voix traînante, la même que celle d'*Apostrophes* trente ans plus tôt. Il commence à me dire des choses douces comme une chanson sentimentale, quand sa femme, vite, lui reprend l'appareil.

Ariane Chemin

Dans leur esprit, aujourd'hui, les Kundera sont à Brno, en Moravie. La nuit, Věra rêve qu'elle est allongée sur les rochers de la Vydra, dans la forêt de la Šumava, au sud de la Bohême, glisse sur la glace avec ses patins ou se baigne dans la Vltava. Un vers de Viktor Dyk, poète tchèque du début du XXe siècle, la hante et la laisse sans sommeil. La "patrie" lui parle. "Si tu me quittes, je ne mourrai pas. Si tu me quittes, tu périras."

REMERCIEMENTS

Merci au Monde, mon journal, et notamment à Jérôme Fenoglio et Philippe Broussard, qui m'ont permis de m'envoler pour Prague à la recherche de Milan Kundera.

Je remercie tous ceux qui ont accepté de me parler de l'auteur de La Plaisanterie, en particulier Luc Lévy, de l'Institut français, pour son aide et ses recherches si précieuses, ainsi que Christian Salmon, fin connaisseur de l'œuvre de Kundera, pour sa patience. Alice Muthspiel a pris le temps de multiples traductions d'archives et d'articles, dont les deux entretiens accordés par Věra Kunderová à la revue culturelle Host et réalisés pour l'un en 1991 à Prague par Marie Vodičková, pour l'autre en septembre 2019 à Paris par Miroslav Balaštík.

Merci à Věra Kundera, qui ne m'a jamais complètement fermé sa porte et m'a enchantée de ses textos si poétiques.

Toute ma reconnaissance enfin à Milan Kundera, auteur de mes 20 ans, absent omniprésent de ce récit, dont j'ai pu, au terme de cette partie de cache-cache fantasmatique, entendre enfin la voix.

Du même auteur

Aux Éditions du Seuil
Jospin & Cie. Histoire de la gauche plurielle
(1993-2002), avec Cécile Amar, 2002
Benalla et moi, avec François Krug,
dessins de Julien Solé, 2020

Aux Éditions Stock
La Promo Sciences-Po 86, 2004
Une famille au secret, avec Géraldine
Catalano, 2005 (Éditions J'ai Lu, 2006)
Fleurs et couronnes, 2009

Aux Éditions Albin Michel
La Femme fatale, avec Raphaëlle Bacqué,
2007 (Éditions J'ai Lu, 2008)
Les Strauss-Kahn, avec Raphaëlle Bacqué,
2012 (Éditions Points, 2013)
La Communauté, avec Raphaëlle Bacqué,
2018 (Le Livre de Poche, 2018)

Aux Éditions Fayard
La Nuit du Fouquet's, avec Judith Perrignon,
2007

Aux Éditions Les Équateurs
Mariage en douce, 2016 (Éditions Points,
2017)

Aux Éditions Fayard
Le Mauvais Génie de Nicolas Sarkozy,
avec Vanessa Schneider, 2016

Aux Éditions Robert Laffont
Toute une époque, 2018

Avant d'être un livre, *À la recherche de Milan Kundera* fut publié sous forme de feuilleton dans le journal *Le Monde*. L'auteure et l'éditeur remercient le quotidien du soir.

06	I.	LA DISPARITION
16	II.	L'ÉCRIVAIN QUI VENAIT DU FROID
26	III.	VĚRA KUNDEROVÁ
44	IV.	"ÉLITISTE I", OU LA VIE D'UN AUTRE
60	V.	RENNES 2, OU LA VIE EST AILLEURS
78	VI.	L'ATELIER PARISIEN DU ROMAN
88	VII.	LA NATURALISATION
100	VIII.	EN FRANÇAIS DANS LE TEXTE
114	IX.	L'AFFAIRE DVOŘÁČEK
124	X.	LA VALSE AUX ADIEUX

NORMANDIE ROTO IMPRESSION S.A.S. À LONRAI
DÉPÔT LÉGAL : AVRIL 2021. N°146019 (2101248)
IMPRIMÉ EN FRANCE